Trasgressione

INTRODUZIONE

Fine anni '70, Sebastiano, il protagonista e narratore, viene arrestato durante un fatto minore di microterrorismo tipico di quegli anni. La sua condanna a sei anni di reclusione è la conclusione di un'attività politica che lui aveva iniziato nel '68, nonostante che all'epoca non avesse neanche quindici anni di età.

Dopo circa quattro anni di detenzione però la sua carcerazione viene interrotta dal riconoscimento di un periodo di libertà condizionale, aprendogli improvvisamente le porte del carcere, cosa che però lo catapulta in un mondo che lui non riconosce più e che, a sua volta, non riconosce più lui. Deve rendersi conto che, anche se dalla galera ne aveva avuto il sentore, percependo il tradimento di Elisa, sua moglie, quella non sarebbe stata l'unica cosa che avrebbe trovato cambiata. Tutto intorno a lui non assomiglia più a quello che aveva lasciato alle sue spalle al momento della sua carcerazione perché ogni cosa che aveva costruito fino a quel momento era come sparita nel nulla.

Anche il confronto con la sua organizzazione politica non è più lo stesso e si trova come sfasato, perché il momento storico nel frattempo era mutato, le forze sociali cambiate, la visione politica diversa. E lui non capisce più e non viene più capito dai suoi stessi compagni, che lo considerano anche fuori di testa. È in questo scenario che Sebastiano cerca di sopravvivere, di restare a galla, di salvare il salvabile della sua esistenza, ma si trova a dovere fare i conti anche con l'estinzione delle utopie politiche e personali in cui aveva creduto, e che aveva anche teorizzato, a cui quel periodo storico stava presentando il conto con la realtà perdendo a una a una la loro fragile consistenza.

Ma qualche volta annaspando e qualche volta reagendo anche fuori dalle linee, lui testardamente cercherà di trovare di nuovo una strada, una nuova vita, che però non perda completamente il suo spirito, perché altrimenti non sarebbe più la sua. E il suo essere trascinato in questa nuova realtà senza più poterla controllare lo costringerà a navigare a vista cercando qualche porto sicuro anche nelle sue vecchie fiamme, quelle con cui aveva condiviso quella libertà di amare nella quale aveva creduto ciecamente. Ma in ogni momento si troverà a dovere fare necessariamente i conti con quel passato che continuamente gli riaffiorerà nella mente con ricordi di lotte politiche e di schegge di carcere, richiamati alla sua mente in veri e propri flashback.

Il suo narrare inizia quando lui si ritrova, dopo appena una decina di giorni dalla sua liberazione, solo, con i suoi ricordi e le sue delusioni, alla ricerca di una qualche forza che lo faccia reagire, superando quel passato da cui non riesce proprio a distaccarsi. E da dove inizia un percorso attraverso il quale, tra ricordi e realtà, i suoi amori, il suo impegno politico, tutta la sua stessa vita, vengono ripercorsi in un mix di rabbia e violenza, sesso e disperazione.

Senza neanche rendersi conto come quello che stava vivendo in realtà potesse rappresentare un vero e proprio viaggio in quel periodo storico della seconda metà degli anni Ottanta, nel quale distruggendo tutto si stava gettando le basi per una società futura così impreparata alla rivoluzione informatica e alla americanizzazione, da essere destinata a essere risucchiata di nuovo indietro nella storia, fino a configurarsi un nuovo medio evo.

1: 18 APRILE 1983, NOTTE

La galera è alle spalle. La politica è alle spalle. L'amore alle spalle. Di fronte, sui lati, tutto intorno mi sbuca come erbaccia sull'asfalto, la Vita. Ed ora la mia vita non è che erbaccia, gramigna. Le quattro del mattino, solitudine e apatia. Benzina in rosso, nervi in rosso. Avrei (dopo quattro anni, dopo due giorni) bisogno di essere con una donna. Che non c'è. E dentro la mia 500 blu, sono da solo in mezzo a un gran bisogno di piangere.

Un'edicola. Un fumo di sigaro che esce da riviste e giornali. Una spider stride le gomme. Un bar ancora aperto con due donne in minigonna che ridono un po' di squallore. Piazza Colonna. Appeso al volante con una sigaretta definitivamente in cenere do uno sguardo a una fredda notte romana di metà aprile. Tra le mie mani pochi soldi, poco calore e ancora troppi residui di odio volgare e violenza insolente. Il mio sguardo che scruta tutto intorno e come se attraversasse il buio della notte per fondersi nella speranza, vana ma mai morta, che magari una luce possa tradursi per me in uno sprazzo di vita. Ed è come se quello sguardo si agganci alle mie gambe trascinandomi con sé proprio di fronte al fumo del sigaro che esce dall'edicola.

«Questa», dico soltanto dopo avere preso in mano una rivista messa in bella mostra, senza leggerne neanche il nome.

«Tremila»

«Ecco»

Guardo ancora verso il bar le calze lucide sotto le minigonne e poi le confronto con gli immensi seni in copertina su questo mio periodico patinato appena comprato. Uno strappo al cellophane che lo contiene, un giro di chiave all'auto e alla mente. Guidare. Quante riviste così ho guardato in galera? Quanti capezzoli morsi, tirati, schiacciati ho visto su questi giornali? E non mi sembrava strano. E non mi sembra strano, ora. Forse ho la testa ancora immersa tra le sbarre, secondini e masturbazioni. Forse sono ancora in galera rintanato al caldo di una coperta sporca. Solo il corpo ne è uscito. E forse neanche quello, se mi trovo a mio agio solo adesso, sdraiato su un letto di una camera ancora chiusa a chiave. Importa poi tanto chi gira la chiave?

La chiave. Io che ho dovuto vivere l'ultima parte della mia vita condizionata da porte chiuse a chiave, provando un senso di impotenza di fronte a loro, ora stringo in mano il potere della chiave della stanza datami dall'affittacamere. Ogni porta ha il suo dittatore e il possesso della chiave rivolta lo status. Da terrorizzato a terrorizzante. Ogni serratura aggiunta aumenta il senso del potere, cementa la sicurezza di chi controlla la porta. E la galera dà la dimensione di tutto questo. Non si può capire se non si prova. Inseriscono una porta tra il bene e il male. Con il suo ridicolo cane da guardia in verde marcio che cammina dondolando il suo mazzo di chiavi per farne sentire il rumore, come se quel rumore di chiavi fosse la canzone, l'inno del *suo* potere, mentre invece è come il rumore della catena del cane da guardia. Che abbaia, digrigna i denti, difende. Per una ciotola di cibo difende una casa non sua, dalla quale lui è fuori, legato a quella catena di cui lui stesso è il primo prigioniero. E il secondino è proprio così. A disagio dietro quella porta, ultimo rappresentante vivente del mondo del bene ma immerso nel male, legato a una catena a forma di mazzo di chiavi. E la chiave diventa solo una differenza ridicola con chi è recluso.

Le pagine della rivista si sfogliano quasi distrattamente sotto le mie dita. Improvviso il comico mi assale e mi deprime nel guardare. Una bocca di donna annaspa slinguacciando su un fallo per almeno tre pagine. Alla quarta se lo infila un poco dappertutto. Volgare. Maschista. Ma le femministe come lo fanno, loro che trovano tutto volgare, maschilista, fallico e via condannando? Durante la *riunione* di oggi sono stato bollato come galeotto, coatto, teppista e porco perché ho detto che una compagna *punto di riferimento* trovata al cesso di scuola a sbocchinare è una *troia*. Non hanno compreso l'ironia. Non colgono mai il senso del ridicolo, del loro ridicolo. Ed allora io sono un porco, mentre Daniela non stava con il cazzo del compagno del *servizio d'ordine* in bocca come ho detto io, ma è solo una compagna che *stava vivendo il proprio privato*.

Daniela. Mentre parlavo alla riunione del comitato oggi, ho incrociato i tuoi occhi. Mi sono trovato con il mio sguardo dentro al tuo. Proprio come quando ripetevo ai compagni. «Daniela deve crescere... politicamente è pronta al *salto di qualità*». Balle. Lo dicevo e sapevo di barare. Stavo solo cercando di restare solo con te, restarti accanto. Sì, mi ricordo di te, delle tue gambe snodate nella 500, del tuo guardarmi imbarazzata mentre giocavo al terrorista con dieci litri di benzina, del tuo scocciarti nel capire che ci stavo provando, che ti desideravo. Che vuoi che sia? Solo un mio ricordo impertinente che ogni tanto non mi lascia dormire. Daniela. Ti ho accarezzato i capelli, ho giocato con il tuo sorriso. E i tuoi occhi oggi hanno incrociato i miei. Beffardi. La tua bocca ha avuto anche un sorriso, ironico. Forse sono diventato vecchio. Eh sì, perché mi viene da dire *"ai miei tempi"*, proprio come i vecchi. Ma è vero che una volta si arrossiva solo per una camicetta un poco aperta quando al cinema tornava la luce. Oggi, invece, Daniela ti ho guardato mentre descrivevano la tua bocca come se fosse la via (dolce) per il comunismo, e tu sorridevi. Sicura di te, quasi soddisfatta che tutti quei compagni (però così poco *alternativi* mi viene da dire) sappiano che tu certe cose le sappia fare, e bene, e dovunque. E la vergogna che io provo al posto tuo, per te sarà forse *"Cattolica! Reazionaria! Bigotta!"*, mentre invece io la trovo così dolce e umana. E sei così indifferente alla sensazione di sporco, di squallido, di borghese, da non accorgerti che questa riunione è stata proprio vicina a uno stupro collettivo, a una masturbazione di massa. Sono proprio vecchio. E giro ancora una pagina della rivista, e un'altra, e un'altra ancora, ma comincio a non notare più differenze tra loro. Una donna di colore violentata. Una masochista frustrata. Un uomo sodomizzato. Violenza. Tutto è violenza. L'amore stesso è violenza. La mia vita è diventata violenza. I miei ricordi grondano violenza.

Li avevano portati a Regina Coeli perché li avevano sorpresi in un appartamento a rubare, e Angelino, il più giovane dei due, non avrà avuto neanche vent'anni. Furto insieme. Condanna insieme. Carcere insieme. Poi il più vecchio, il più duro, l'avevano trasferito. E lui, biondino, sbarbato, timoroso e impaurito, era rimasto come orfano. E dopo solo una settimana pesto e sanguinante se lo trasportavano da una cella all'altra. Affittato per una stecca di sigarette o per un litro di vino. Tante immagini mi si accavallano nella mente come flash successivi. Residui di una lunga storia che ho cercato di cancellare dalla memoria. Lo rivedo mentre scappa nudo per le scale del carcere. Rincorso, ripreso, sfregiato. Lo risento urlare per una lamettata. Ricordo poi quando lo hanno trasferito pesto e piangente, portato via a calci, calpestato e deriso dalle stesse guardie. E ancora prima quando con il sangue che gli colava dalle natiche pregava in ginocchio che quell'incubo finisse. Controllato a vista. Preda. Preda sulla quale sfogare violenza, depravazione, bestialità. Il carcere ha un codice di vita. Rigido. Pulito. Leale. Se non tradisci, se non hai commesso reati vigliacchi, ti rispettano. L'unica eccezione che ho riscontrato è l'omosessualità. Quella non viene perdonata. L'omosessuale è trattato da bestia. Non solo sodomizzato, ma usato, umiliato, torturato con una ferocia bestiale. E il codice del carcere lo tollera, lo permette.

Angelino l'ho rivisto dopo qualche tempo al *Penale*, carcere diverso, più tranquillo e più serio, dove il concetto di speranza è stato abolito e ognuno ha come stampata su di sé una data (sempre troppo lontana) che rappresenta la propria scadenza per ritornare a vivere. E in quel luogo, nella statica calma apparente delle lunghe detenzioni, spesso ergastoli, lui aveva trovato il suo posto. La violenza selvaggia apparentemente sembra che in quei carceri non esista, anche se invece è solo assopita sotto la cenere di una immutabile ripetizioni delle stesse cose, fatte alla stessa ora, tutti quanti i giorni. È un manicomio di gente sana che momentaneamente ha rinunciato alla violenza per non impazzire o per non ricadere nel caos mentale e nella bolgia per la sopravvivenza, tipica dei carceri giudiziari. E in quel carcere Penale Angelino rincontrandomi mi aveva confidato di essere diventato la *donna* di un ergastolano sardo. Mi diceva che lo doveva *soddisfare* quasi tutti i giorni, ma che in compenso lui non lo trattava male. Anzi, lo difendeva, gli faceva regali, gli preparava da mangiare. Ma aveva lo sguardo triste. No, forse solo spento. Da lontano era osservato dal sardo, che gli aveva permesso di venirmi a salutare, ma brevemente, doveva rientrare, presto, altrimenti si arrabbiava. Angelino era rimasto sempre e comunque una preda.

Questi dieci minuti con Angelino non sono passati affatto inosservati, e capisco dagli sguardi intorno a me che debbano essere come convalidati, e davanti a tutti. E infatti mi si avvicina il sardo accompagnato da un altro detenuto. Enorme, con la faccia dura e scavata. Apparsi come dal nulla, quasi all'improvviso, mi hanno stretto all'angolo. E un brivido mi percorre la schiena mentre il cervello mi sta girando a mille come impazzito, alla ricerca di una via d'uscita, che però proprio non c'è.

«Da dove vieni?», mi chiede il sardo.

«Brindisi», gli rispondo.

Fissandomi negli occhi senza emozione, mi scruta e in un sibilo di voce tagliente mi domanda. «E non sei mai stato a Regina Coeli?»

«Sì... certo...»

«E gliel'hai fatto anche tu il servizietto ad Angelino?»

«No... e lo sai, sennò non staresti neanche a chiederlo»

«No che non lo so. Me l'ha detto lui, ma non ne sono tanto sicuro»

Se ha un senso il concetto di eufemismo, beh, allora in quel senso posso dire che mi sento a *disagio*. Ma nonostante questo, mi viene da pensare che il dialetto dei sardi, anzi il loro modo di raddoppiare le consonanti e mettere il verbo alla fine della frase, diventa ancora più buffo quando sono incazzati. Ma, tutto sommato, chissà perché in questo momento non mi fa ridere affatto.

«Perché sei dentro?», mi chiede squadrandomi.

Non rispondo, cerco di pensare prima di farlo. Deglutisco nervosamente. Mi sento come paralizzato davanti a quegli occhi freddi che mi fissano senza alcuna emozione. Mi rendo conto di essere praticamente morto perché quegli occhi proprio in questo momento mi stanno condannando.

«Perché sei dentro?», mi ripete.

«Una pistola…»

«Soltanto?», mi dice e quasi mi sfida sorridendomi.

«Armi ed esplosivi», aggiunge l'altro dalla corporatura enorme e la faccia dura.

Questo stillicidio fatto di piccole frasi e lunghi silenzi, questo loro squadrare, ghignare, soppesare, mi sta proprio terrorizzando, e questo non riesco a sopportarlo, non voglio sopportarlo. E sento salire dentro di me l'incazzatura, sento l'adrenalina che scorre nelle mie vene, nei miei nervi. Non posso accettare di essere un topo messo in un angolo da due grossi gatti.

E mi ribello al mio panico. «E allora che cazzo ci hai da dire?», gli dico con aria di sfida e guardando duro negli occhi il sardo, perché in galera ho imparato che, se vieni affrontato da più di uno, devi scegliere tu a tua volta uno di loro, possibilmente il più piccolo ha aggiunto la mia prudenza, a cui fare capire che prima di soccombere, lui, e solo lui, te lo porti appresso, che farai a lui in anticipo quello che gli altri faranno a te. E così cerco la sfida negli occhi del sardo. Scelta d'altronde limitata, perché per fissare negli occhi dell'altro avrei bisogno di salire su una sedia!

E il sardo stranamente non regge il mio sguardo e mi chiede con un tono leggermente più morbido. «Sei un comunista o un camerata?»

«Sono di sinistra…»

«Brigate Rosse?»

«No, sono solo di sinistra»

«Non sei un politico?»

Buffo come la parola *politico* in galera sia come carica di rispetto. «Il reato è politico, ma io non c'entro niente. Sono solo uno di sinistra…»

«Che magari passava di lì per caso!», mi interrompe quello dalla faccia dura quasi ridendo. Ma in fondo è un sorriso benevolo.

«E perché no?», gli rispondo.

I due si guardano in faccia. «I politici non le fanno certe cose…»

Passano solo due secondi che però mi stanno sembrando due secoli perché mi aspetto una coltellata. Inutile, futile, idiota coltellata. Ma in galera cos'è che non è idiota, futile, inutile? Ma alla fine il sardo mi squadra con un sorriso bonario. «Ma va, che sei un bel terrorista tu! Ne conosco tanti io». Poi

guarda l'altro e sentenzia. «È a posto»
Sono stato accettato. Sono ancora vivo.

Giro un'altra pagina della mia rivista. Ma neanche la guardo perché mi viene da chiedermi. *«Ma adesso sono vivo?»*. La solitudine, il senso del dolore e queste donne nude su una carta lucida, non sono vita. Provo a dormire, nudo. Sotto le lenzuola, abbandono da un lato la rivista e spengo la luce. Provo a dormire tra i fantasmi di tante storie d'amore vissute. Il calore del mio corpo mi riscalda i pensieri. Soffice, sotto queste coperte, mi accarezza il ricordo di Paola, quando come se fosse la cosa più naturale del mondo gli ho sussurrato. «Se non faccio l'amore con te, non posso dormire stanotte». Gliel'ho detto al buio, clandestinamente. Lei non mi ha risposto, ma la sua mano mi ha trovato subito tra le lenzuola, ma non era una cosa volgare, era naturale, proprio come quando si accarezza un volto. Poi ha acceso la luce e mi ha sorriso. Dio, quant'era dolce il suo viso e il suo corpo mentre si sfilava la camicia da notte. Mi ha abbracciato e io ho rispento la luce. Non per vergogna. O forse sì. Ma era una vergogna diversa, interiore. Mia moglie Elisa era lì, a tre metri da noi, in un letto di un'altra stanza. Doveva dormire bene perché l'indomani avrebbe dovuto sostenere un esame e ci aveva lasciati da soli a chiacchierare. E con Paola mi era bastata una scusa banale. «È tardi, non ti conviene andare. Resta a dormire da noi. Tanto Elisa già dorme nell'altra stanza e tu puoi stare al suo posto nel letto matrimoniale». E incredibilmente lei ha accettato, e con tutte le mie misere e volgari bugie alla fine è stato così facile trovarsi uno dentro l'altra. Però quelle bugie non riuscivano a convincere me, perché non era quella l'attuazione di quello in cui credevo. No, non era proprio quello che intendevo quando parlavo di liberazione, di superamento della coppia, perché la coppia aperta non può essere una scopata a tre metri da mia moglie che dorme ignara. Lo sapevo, quando era dentro di lei, ma mentivo sapendo di mentirmi. Ma la desideravo così tanto e Paola era così dolce che alla fine ho imbrogliato anche me stesso. Ed è stata quella la vergogna interiore che mi ha fatto spegnere la luce. Perché al buio si può anche pensare di stare soltanto sognando.

E nel buio la sua voce era stata come un sospiro dolce. «Ti amo. Dimmi che non è solo per stanotte, ti prego». Nelle mie intenzioni non era solo per quella notte, ma non glielo ho detto. Ho lasciato che i miei difetti finissero sul suo corpo e la sua dolcezza sul mio. Un vortice di retorica e sesso, di poesia e volgarità quella notte mi sono passati tra le mani, nella mente e sulla bocca e sono finiti dentro di lei.

Paola. L'altro ieri mi ha sfidato sulla porta di casa. «Farò di tutto perché tua moglie non torni con te. È una donna libera adesso. E tu che c'entri? Perché sei stato in galera ti credi di potere tornare a fare il padrone?». Mi stava cacciando da casa mia, da mia moglie, dalle mie cose, da mia figlia, e io la guardavo ma non vedevo altro che quel rancore che nasce dalla tristezza delle delusioni. Perché ero stato proprio io all'epoca ad averla delusa e illusa. Mi vergognavo di lei di fronte ai compagni e l'ho nascosta proprio come si nasconde un'amante, mentre lei mi guardava e mi sorrideva da lontano mentre confidava alle altre compagne. «Vedete? Quello è il mio uomo e appena avrò diciott'anni andrò a vivere con lui... sì, con la moglie, e la figlia, in una *Comune*». Che vigliacco che sono stato. Non ho mai avuto il coraggio di dirle chiaramente che Elisa non la voleva, che mi diceva che la considerava solo *una puttanella*. E il giorno del suo diciottesimo compleanno gli ho regalato un diario e non le chiavi di casa mia ed è stata costretta a capire. E lei ha pianto prima di disprezzarmi. E quella stronza di Elisa non appena sono stato arrestato se l'è portata a vivere dentro casa nostra. Nella stessa casa che pochi mesi prima mi aveva costretto a negarle. Spacciando la loro convivenza per quella stessa idea della *Comune* che io per anni avevo cercato inutilmente di costruire. Ed ecco che adesso Paola ha ritorto verso di me quello che io le avevo fatto di male e, forse giusta ironia della sorte, mi ha negato proprio quella casa che io non ero riuscito ad aprirle. E la trovo infantilmente terribile, ma giusta, ridicolmente giusta, la sua voglia di vedermi soffrire.

Basta. Riaccendo la luce, non riesco proprio a dormire. Troppi fantasmi mi galoppano la mente. O forse è la voglia del sesso che mi sta tenendo sveglio, e forse basterebbe soltanto soddisfarla, masturbarsi. Perché no? In galera era un'abitudine, un atto normale, quasi obbligatorio. Perché chi non si masturba è sospetto. Non bastano certo le foto di tua moglie e tua figlia per dimostrare che ti piacciono le donne e che non sei frocio. E la masturbazione diventa quasi un'affermazione della propria virilità. I cessi sono tutti tappezzati di foto di donne nude nelle posizioni più sconce. In quello della mia cella ce n'era una di una donna grassa. I suoi seni enormi sembravano palle da bowling. E il trucco vistoso doveva dipingerla volgare, sboccata. Ma sulla sua faccia piena e gioviale quel trucco sembrava quasi blasfemo, perché aveva il volto di una mamma. Di quelle enormi mamme popolane, che si vedono sugli autobus diretti in periferia, cariche di sporte all'inverosimile e che riescono ancora a trovare una mano per tenere la manina di un bambino, figlio o nipote che sia. Non sono mai riuscito a masturbarmi di fronte a quella foto. Per me era come bestemmiare in chiesa. Eppure, ci doveva essere qualcuno che si eccitava di fronte a quella montagna di carne nuda perché nel cesso era stata sistemata in modo che si era proprio obbligati a guardarla. Si chiama complesso di Edipo. Ma vaglielo a spiegare ai tuoi compagni di cella. Se ti azzardi a spiegare che il loro subconscio possa desiderare di scopare con la madre, rischieresti il linciaggio! È strano, ma in galera i sentimenti più tradizionali, quelli ai quali i benpensanti fingono ipocritamente di dare il più profondo valore, lì invece sono realmente i più radicati, indiscutibili. L'amore, l'amicizia, la lealtà, la sofferenza, la proprietà, la famiglia, sono sacri, inviolabili. Ma la *mamma* è il massimo. Chi non rispetta la propria madre non viene considerato degno di rispetto, spesso viene addirittura malmenato, cacciato dalla cella. Ma poi, perché dovrebbe essere così sbagliato amare la propria madre? Nella nostra smania di riempirsi la vita e la bocca di Rivoluzioni, nel nostro essere antiretorici, nel nostro abbattere tabù e valori borghesi abbiamo cercato di spazzare via tutto, ma è poi giusto? Confesso! Confesso! Non è vero che non voglio bene a mia madre. E non solo. La mia *perversione*, compagni, si spinge oltre. Voglio bene anche a mio padre. Democristiano, borghese e retorico, ingiusto e prevaricatore, bigotto e conservatore, ma mio padre. E perdio gli voglio bene lo stesso e vorrei con tutto il cuore strappargli da dentro quel maledetto morbo di Parkinson che me lo vuole portare via. No, non è vero che quello che provo non sia comunismo. È invece assolutamente borghese, aristocraticamente colto, meschinamente ipocrita il sostenere che la Rivoluzione passi proprio attraverso la cancellazione di questi sentimenti. Ed Elisa mi ha addirittura detto che non sono più un *compagno* perché ho cercato di spiegarle che ho capito come nostra figlia Valentina avesse bisogno di un padre e di una madre.

Ma con questo parametro della negazione dell'affetto verso i propri genitori, allora neanche Sandro si poteva chiamare compagno. In galera da sei anni per un autofinanziamento (rapina) finito male, torturato dai carabinieri così tanto da diventare balbuziente, trasferito più volte perché in galera aveva continuato a picchiare i fascisti, beh lui, Sandro, ha pianto come un ragazzino il giorno che è morta sua madre. Eppure, sapeva che sarebbe dovuto succedere, perché era stato trasferito nel carcere vicino a casa sua proprio perché la madre era in fin di vita, ma era lo stesso. E quel giorno per lui è stato un giorno tristissimo. E anche se era in quel carcere proprio per quel motivo si è rifiutato di andare al funerale della madre.

Vedo in fondo agli occhi di Sandro che si deve sfogare e mi siedo in silenzio davanti a lui, come se fossimo soltanto noi due senza tutta questa gente intorno. E lentamente, con voce prima tremolante e poi sempre più decisa alla fine lui mi parla. «Non mi deve vedere in catene anche il giorno del suo funerale… non come al processo quando mi hanno condannato. Che occhi gonfi di pianto aveva quel giorno mia madre, mentre nonostante tutto mi sorrideva come un'innamorata! Mi ha detto di sistemarmi meglio la cravatta e che era stato un peccato che le mie scarpe non fossero state proprio così lucide. Pensa. Mi avevano dato nove anni di carcere e lei mi diceva di pulirmi le scarpe, che era un peccato avere delle scarpe sporche con un vestito così bello». E sembra quasi felice mentre mi guarda, ma si vede chiaramente che il suo sorriso nasconde un'infinita tristezza. E con gli occhi adesso lucidi mi guarda in faccia quasi a rimproverarmi di averlo quasi costretto a mostrare questa sua debolezza, e alza lo sguardo come a cercare conferma guardando tutti gli altri carcerati che si sono stretti intorno a noi, e invece ne scopre la sincera condivisione del suo dolore, l'empatia, perché qualcuno sta piangendo, qualcun altro impreca, qualcuno si sfoga prendendo a pugni il muro. E come se ne avesse avuto il permesso continua a confidarsi, ma lo fa più verso sé stesso che verso di me, anche se a me che si rivolge. «Pensa. Il vestito me lo aveva comprato lei tempo fa. Io non lo volevo neanche mettere per il processo perché lei mi ha sempre detto che me lo aveva comprato per il mio matrimonio. Ma lei ha voluto che lo mettessi lo stesso, e mi anche rassicurato dicendomi di non avere paura di rovinarlo, che per il mio matrimonio me ne avrebbe comprato un altro... che scema! Io non ho neanche la ragazza! *Sei così bello con il vestito addosso*, mi ha detto... e io mi sentivo così buffo, ma l'ho messo lo stesso perché era così bello vederla così felice». Però a questo punto si deve interrompere, forse perché il magone che gli sale dalla gola lo sta quasi strozzando. Nel silenzio generale si sente solo il suo respiro un poco affannato e lui ha un moto di stizza, quasi a volersi ribellare da tutto questo dolore che sta provando. «No. Non voglio che la gente al suo funerale si metta a guardare me, a parlare di me, del bandito, del teppista, del comunista... schifosi, meschini e schifosi! No, questo spettacolo non glielo voglio dare. Devono guardare solo lei... così bella... la devono guardare, accompagnarla al cimitero bene... senza carabinieri intorno»

Non so che cazzo mi sia venuto in mente, ma sento che lui abbia bisogno di qualcosa che non sia solo il piangere e il compiangersi. Qualche cosa che gli propongo istintivamente, incoscientemente, senza neanche pensare. «Facciamo dire una messa in carcere per lei, oggi, alla stessa ora del funerale. Che cosa ne pensi?» Sinceramente questo detto da ateo ad ateo, mi sembra subito sia una cosa di una stronzissima retorica, ma invece lui inaspettatamente mi abbraccia commosso e tutti gli altri carcerati che mi hanno sentito cominciano a darsi da fare per organizzarla. A loro modo. E come in un vortice la cella si anima di strilli e pugni sulla porta, di insulti e minacce a qualsiasi obiezione che i secondini possono fare. E dalla violenza e la rabbia tutto prende forma. E dopo due ore il prete, i fiori e quasi tutti i carcerati sono nella cappella della prigione, a onorare e piangere una mamma, quello che di più sacro si può trovare in un carcere.

E mi sono fatto fregare dai ricordi, dalla tristezza. Ci vorrebbe una birra. Sfoglio ancora questa rivista e mi accorgo proprio di non sopportarla più. Hanno voluto mischiare l'amore con il sesso in queste pagine come nella mia vita. E confondo, maledettamente confondo. Come qualsiasi stupido marito tradito. No, non mi devo sentire proprio così. Non è giusto, non è logico. Io so perché disprezzo mia moglie. E so anche perché ammazzerei Andrea compagno di merda che approfitta della galera degli altri compagni per potersi scopare le mogli. Ma che cazzo dico? Il sonno deve avermi preso la mano e fatto sragionare, ma è come se la vedessi tra il lucido dei fogli di questa rivista.

Caricatura vivente che ora mi distingui dal mistico
e mi lasci cadere giù, fino all'umano.
Hai portato i sentimenti ad un'opera buffa di manichini viventi...
Che fame! Che sete!
Forse solo del piacere trovato tra labbra sbavanti.
Il corpo, il calore del mio corpo non ti basta...
non servono spiccioli.
La saliva già ti bagna quei capelli
con i quali ti eccitavi l'amore represso,
e ti senti vibrare, e inginocchi la bocca davanti al pugno chiuso,
simbolo del peccato mortale.
"Sei donna, sei donna...", è il grido di chi ti riceve.
Tracanni la vita.
Potrai anche dormire stanotte nel tuo letto di donna vissuta
e sognare i tuoi insignificanti orgasmi,
ma le immagini dei tuoi sogni
le hanno già scattate in queste foto patinate.
E tu godi al solo pensiero.
Due vite di fronte.
Tua figlia voluta con me, diventata un tragico sbaglio con lui.
Moglie e amante.
"Sei donna, sei donna..." ti senti gridare da dentro.
E già godi incartando il tuo cuore in un giornale raccattato da terra.

2: IL GIORNO

Il rumore. Non la luce che filtra, ma il rumore mi sveglia. Tutto sommato però non mi dispiace questo rumore della città, di vita che scorre. Spalanco i miei occhi sulla strada sottostante e scopro perché non ci sia molta luce. Piove. Perfetto. Ho l'auto che parte solo a spinta, e piove. Ma non mi spaventa. Ne ho fatte di passeggiate sotto la pioggia in carcere. Come quando ho conosciuto Pippo. Lui correva come uno scemo, intorno, quasi attaccato a quei quattro muri che rinchiudevano il cortile *dell'aria*. Mentre io camminavo soltanto, da solo, per sfogare la rabbia, per scrutare le novità. Ogni volta che si cambia carcere è come rimanere soli, è un nuovo abbandonare le amicizie, è come essere arrestati un'altra volta. La pioggia neanche la sentivo, chiuso in me stesso, masticando con violenza nella mente le immagini dei carabinieri, del colonnello delle guardie, del direttore del carcere e di tutte le loro stronzissime minacce.

All'improvviso lo scemo da corsa mi è accanto. «Nuovo?», mi chiede.

«Già», rispondo soltanto.

Lui prende il mio passo e continuiamo a camminare uno accanto all'altro, avanti e indietro, da muro a muro, in silenzio. Forse esaminandosi l'un l'altro. Ma forse sono solo io che lo scruto perché in carcere si sa sempre quasi tutto dei nuovi arrivati, mentre io non posso sapere chi mi stia vicino. Potrebbe essere pure un fascista. Azzardo una battuta. «Sei forse tu Pippo? Quel matto che corre?»

Mi guarda durissimo e mi risponde scandendo le parole. «Come matto?»

Dio, cerchiamo di raddrizzare subito il discorso, non voglio fare questioni proprio il primo giorno. «Nel senso che oltre a me sei l'unico che ha avuto il coraggio di venire all'aria sotto la pioggia!», gli spiego mentre lo guardo.

Lui ride. «Sì, sono proprio io. Corro tutti i giorni, con qualsiasi tempo, voglio restare in forma. In galera, se non ci stai attento, entri che sei un'atleta ed esci che sei un ciccione». Ride ancora. «Proprio come Antonio! Te l'ha detto proprio quel ciccione il mio nome, vero?». Provo a ridere insieme a lui, perché non mi pare molto convinto. Infatti, insiste. «Lo sai che è la prima volta che non mi incazzo se mi chiamano matto?»

Sbuffo come per sembrare annoiato, invece che preoccupato della tensione che ho causato. «Ma guarda che la parola *matto* non è un insulto per me, e comunque non la userei mai con uno che penso sia veramente matto!»

Lui mi guarda perplesso. «E che significa?»

«Significa che io odio le persone *normali*, quelle che vogliono per forza che si faccia come vogliono loro, e in questo senso anch'io sono matto perché faccio sempre quello che mi pare e non quello che mi dicono di fare!»

Mi guarda, e ci pensa sopra un attimo. «In questo senso vabbè, allora sono matto anch'io!». Poi si ferma e mi dice quasi ammiccando. «E potrei essere anche un poco compagno?»

Mi scappa da ridere. «Perché lo chiedi proprio a me?»

«Mah… così…», mi risponde sorridendo sotto i baffi.

«E che altro ti hanno detto di me?», gli chiedo.

«Ma niente…», mi risponde prima di ricominciare a camminare, per aggiungere dopo qualche passo. «Sei pericoloso, eh?»

«Ehi! Non mi prendere per il culo!», gli dico ridendo.

Ride anche lui mentre mi tende la mano. «Amici?»

Quanto può essere ingenuo, assurdo, irreale quel gesto visto adesso, fuori dal carcere, ma quanto possa servire in quel contesto! E quanto veramente mi sia stato amico Pippo dopo quel primo incontro. Mi dispiace averlo perso di vista. Chissà ora dov'è. E che rabbia il giorno che l'hanno trasferito. Quando fidandosi di me mi ha chiesto quasi il permesso di lasciarsi andare. «E se sfascio tutto?», mi ha domandato rabbioso con gli occhi quasi fuori dalle orbite. «E che otteniamo?», gli ho risposto, ma solo per evitargli guai peggiori. «Però se vuoi veramente sfasciare tutto, sto con te, ti do una mano, così mi sfogo anch'io insieme a te. Però poi? Dopo lo sai che ci massacrano di botte, ci chiudono nelle celle di punizione… e alla fine ti trasferiscono ugualmente. E che abbiamo ottenuto? Che invece di sfogarti tu, hai fatto sfogare le guardie su di te. Lo sai che questi bastardi ci godono in queste situazioni. No, Pippo, non diamogliela questa soddisfazione, dai retta a me». La sua risposta di quel giorno ancora me la ricordo, perché mi ha lasciato basito. «Mannaggia. Proprio adesso che stavo diventando compagno anch'io!», mi ha detto con tono dispiaciuto. Compagno. Caro il mio Pippo, ma conviene veramente così tanto esserlo? Se mi vedessi ora, solo, a scrutare la pioggia, tradito e abbandonato proprio dai miei compagni, che cosa diresti?

Non voglio trovare una risposta a me stesso, a questa mia domanda. Servirebbe solo a deprimermi mentre ora la cosa più importante, è che sia giorno. Finalmente, dopo una notte passata a rincorrere spettri e paure, è giorno. E mi lascio trascinare via incontrollabilmente da questo giorno. Via da questo letto così scarso d'amore. Via, oltre quella porta chiusa. Ancora non riesco ad abituarmi a questa meraviglia di una porta che posso aprire. Aprire, salutare, uscire, accendere il motore, guidare, vedere la città, assaporarne il traffico. È stupendo esserci. Ancora una volta esserci. Dopo essere stato sputato fuori da un gioco cinese così complicato e stretto chiamato galera. Oggi ho voglia di tutto. Il cappuccino in un bar. Il giornale in un'edicola. Una camminata per strada senza essere costretto a girarmi e tornare indietro, da muro a muro. Vorrei tanto però un volto amico. Vorrei il sorriso di gioia di chi è contento al solo vederti. Un bar e una colazione a base di serena solitudine, ti chiamo e tu ci sei. Dentro un telefono sporco di mille sputi, tra la carta ingiallita di un elenco telefonico vecchio di dieci anni, tu ci sei. E già la tua voce mi trascina lontano da quest'imbuto di gente che mi è diventata oramai estranea e che mi ha intrappolato il cervello. Valeria. Mentre mi avvicino a te, al momento che ti potrò riabbracciare, mi rifioriscono negli occhi le immagini di noi, dei nostri momenti felici, della nostra serata d'estate. Le risate, il vino, la notte stellata. L'illusione, non solo nostra, ma di una generazione, che il Potere, in fondo, poteva essere buono, almeno d'estate, almeno la sera, almeno ubriachi. Riprendiamoci la città, riprendiamoci il ballo, riprendiamoci la vita. E noi c'eravamo, insieme a ballare come idioti balli vecchi di dieci anni, con la testa ovattata da un vino scadente, in una di quelle sere dell'*Estate Romana* votata all'effimero.

Mi guardi e chiedi. «Non ti diverti?»

«Un poco...»

Fai una smorfia più da bambina che da ubriaca che mi fa sorridere e tu mi sfotti. «Oooh! Un sorriso. Ehi! Compagno *tozzo e militante*, cos'è quel sorriso?! Ma non lo sai che i compagni tozzi e militanti come te non si divertono mai, nemmeno quando ridono?». E ti scappa in singhiozzo da ubriaca che ci fa scoppiare a ridere. Mi guardi burlescamente seria e mi indichi, con il tuo dito indice quasi a toccare il mio naso. «Hai riso! Eeeeh no, no no no... ora se non vuoi che ti sputtani davanti a tutti, devi fare quello che voglio io. Sennò comincio a strillare a a dire a tutti che non sei anche se *voless... volestri? ...vorebb...* mannaggia! E pensare che faccio la giornalista e non mi viene un verbo! Insomma, non lo sei, non lo sei proprio...»

«Ma che cosa? Che cosa non sono?»

«Non sei uno di loro. Uno di quei brutti tozzi ceffi che escono dalle stradine buie con la sciarpa sulla faccia...», e così dicendo ti sollevi il lembo della gonna e te lo metti sul viso come fosse una sciarpa e concludi con una voce goffamente roca. «E fanno... AU-TO-NO-MIA-OPE-RA-IA»

«No? E allora chi sono?»

Improvvisamente diventi seria. «Sei dolce, sei la persona più dolce che io ho mai conosciuto... e ti amo», e mi baci.

E questo ricordo mi fa sorridere, mi scalda, mi riempie la giornata nell'ansia di vedere Valeria. Ma quanto sangue devo sudare poi, a sera, per scoprirti ormai così diversa. Signora di una casa signorilmente anonima, di un marito stupidamente brillante che non riesce a capire il mio sguardo penetrarti negli occhi anche così, mentre stai seduta nel tuo salotto, con il tuo bicchiere in mano, a guardarmi da lontano... e a guardarmi da lontano, seduta, stavi come una immagine in un poster, con i tuoi occhi chiari, i capelli biondi legati sulla schiena, nella mia aula, al mio processo. E mi pare di capire ora che era tutta un'altra storia quella che vivevo mentre tu non pensavi già più a me. Le mie manette pesavano più a te che a me. E ti vergognavi di ammettermi davanti a te, ormai morto in catene. Sorridevi mentre eri a disagio. Avrei voluto assorbirti interamente nel mio sguardo, ma gli angoli sfuggivano. E in ogni angolo una divisa scura, nera. Carabinieri ai quattro cantoni, ai miei quattro angoli, in piedi, quasi sull'attenti. Quanto sono buffi i carabinieri. Stanno sempre sull'attenti, come in perenne erezione. Così buffi che in quella gabbia sembrava che fosse un gioco. Io ero là, in mezzo a un gioco da grandi e tu mi guardavi come fossi un bambino e tu stessi aspettando che il gioco finisse per riportarmi a casa. Strideva vicino a te, mia moglie. Gli occhi grandi di gioia. Orgogliosa di essere in quel momento al centro dell'attenzione di compagni. Non stavano processando me, ma *suo* marito. Era lei che stava vivendo quel processo. E io ero solo una comparsa. Parlava il giudice, parlava l'avvocato, ma chi li ascoltava? Valeria, io sapevo solo che avrei dovuto assorbire nel mio sguardo quei tuoi capelli biondi, per poterli poi proiettare sul muro della mia cella, e rigodermeli nella mia immaginazione chissà per quanto tempo.

«Sei anni», mi ha come risposto il PM.

«Ma che cazzo dici?», gli replico ad alta voce, ma come se continuassi il mio sogno che mi stavo costruendo su Valeria e i suoi capelli biondi. Sei anni, cazzo! Sei anni. E lo ripete ancora più forte, come a coprire il brusio di scherno e di compiacimento dei Compagni, che hanno raccolto la mia frase come se la stessero aspettando, per accertarsi che sono proprio un tipo in gamba. Mi trovo a guardarli come dentro un binocolo. Solo adesso comprendo quanto mi è distante quella transenna oltre la quale loro si esercitano a essere terroristi, nel caldo del loro letto, al sicuro dentro la loro casa. E la distanza esatta me l'ha data proprio il PM che mi ha scagliato nel futuro sei anni di vita più in là.

E vorrei dire a tutti loro di fare silenzio, silenzio sennò quello s'incazza e rilancia, *"ma che dico sei? Facciamo sette, otto e, ma sì mi voglio proprio rovinare... dieci anni!"*. Mi scappa proprio da ridere. Guardo 'sto cretino in toga che parla e lo immagino nell'asta dei miei anni futuri e mi devo coprire la faccia con le mani per non sghignazzare, e mi viene da dire. «Questo scemo! Ma sono anni! Mica bruscolini?». Ma pure questa volta devo avere parlato con la voce troppo alta perché Federico, seduto accanto a me, mi guarda sbalordito e ride sotto i baffi. Ma sì, prendiamola a ridere. Non è serio. Non è per niente serio tutto ciò.

Mi richiama il giudice. Mi sembra di stare proprio a scuola, quando improvvisamente il professore ti chiama alla lavagna e tu non sai cosa rispondere. Istintivamente, proprio come a scuola, mi alzo di scatto ma i miei piedi si accavallano, incespico e mi devo reggere per non cadere. E stavolta non è un brusio, ma sono proprio risate che si sentono nell'aula. Il giudice s'incazza. L'avvocato mi guarda come se volesse strozzarmi mentre il PM ha l'aria di chi vorrebbe darmi l'ergastolo. Un carabiniere mi fa risedere a forza. Qualcuno strilla e qualcun altro gli risponde. Due o tre cretini (di sicuro c'è di mezzo mia moglie) provano a scandire degli slogan. I carabinieri si stringono intorno a me e restano a fissarmi come se da un momento all'altro dovessi scappare. Che casino! Che casino che ho combinato. Mi giro a guardare verso l'aula e i tuoi capelli biondi non ci sono più. Dove sei andata? Perché? Ora mi sento proprio abbandonato. Sei anni. Sei anni ora li sento tutti per intero. Prendo tra le mani la testa. Dio mio. Sei anni sono un'enormità. E i compagni ancora non mi lasciano in pace, e mentre mi portano via strillano e mi salutano, orgogliosi di me. Ma che cazzo di orgoglio ci sarà mai nel vedermi fare sei anni di galera?

E dopo cade una goccia. Finisce una bottiglia. E tu, Valeria, ti alzi e ti allontani dal tuo salotto, come se volessi di nuovo abbandonarmi. Stupida galera. Mi ha tolto anche la tua meravigliosa voglia di volare e mi ribello alla voce di tuo marito che continua a parlarmi. Lo guardo e gli dico. «Lo sai che mi stai sul cazzo?». E ora non sproloquia più, quasi offeso, ma troppo sorpreso dalla mia ingratitudine per esserlo. Ma come? Prima gli scopo la futura moglie, poi vado in galera e quando esco piombo in casa sua e dopo avergli scolato una bottiglia di cognac e finito un pacchetto di sigarette, gli dico pure in faccia quello che penso di lui? Non sta bene, non è educato.

Ma io continuo. «Mi sta sul cazzo la tua presunzione di sapere quello che non riesci neanche a immaginare. La tua galera è questa casa, il tuo ufficio, le tue partite a tennis. Lascia la mia galera a me. E non mi venire a dire che è un sintomo di democrazia il fatto che ci sia stato poco. Poco? Per te anche un minuto sarebbe troppo». Valeria ritorna sui suoi passi senza parlare, ma devo rispondere al suo sguardo severo. «No. Non mi sto incazzando. Non lo so... forse è solo la bottiglia che è finita. Forse è che sono cambiato là dentro. Certo che avrò bevuto troppo! Ma *porca puttana*, che cazzo ne sapete? Che mi dite che l'Italia non è il Cile... mi hanno legato con le manette a un termosifone, mi hanno colpito con tutto ciò che gli capitava tra le mani. E non per chiedere, per sapere... no, solo per divertirsi. Terrorista. Questa è l'unica parola che accompagnava pugni, calci e sputi. E sono stato anche fortunato. A me le palle nel cassetto non le hanno chiuse. A me i litri d'acqua salata non li hanno fatti bere. A me non hanno spezzato le bottiglie in bocca o bruciato i coglioni con un saldatore». Mi accorgo degli sguardi persi di Valeria e il marito e mi fermo. «Sì, sì basta così. Scusatemi. È che... è uno sfogo dite? Forse... ma sì, forse sì... è stato solo uno sfogo».

Ed esco fuori dal tuo salotto, dal tuo appartamento, forse dalla tua vita, e fuori di lì mi fermo a guardare il tuo portoncino. Chiuso. Dopo che tu mi hai regalato un sorriso forzato e mi hai accompagnato fino fuori da casa tua, dalla tua vita perbene. E ora tra me e te c'è questa porta chiusa a chiave, e siamo solo a un metro uno dall'altra, ma a una vita di distanza. E capisco che da oggi sono lontano anche da te, fino alla fine, a partire dal tuo pianerottolo.

Ma sopra l'albero c'è sempre quel bambino
che guarda lontano al posto tuo,
che ti aveva indicato la strada per riprendersi la vita.
Ma tutti i sassi che hai trovato sotto il fiume
non li hai mai usati contro,
ci stai costruendo un Cremlino di sottili tenerezze represse.
E sopra al muro c'è ancora una falce,
ma del martello ormai le tracce sono vaghe,

sono state rubate da un compagno
che ha parlato dopo essere stato torturato.
E oggi sei lontana, e da lontano le sbarre non si vedono,
e chiusi dentro casa gli spari non si sentono.
E non vuoi che ti dica di qualche figlio di nessuno
ucciso a bastonate dalla polizia.
Tu pensi che io menta perché non ti piace.
Non ti piace più questa mia realtà che sapeva tanto di Frank Capra
e che oggi ha perso tutta la sua voglia di essere buona.
E oggi devo restare fuori dalla finestra della tua vita.
Un pazzo scatenato che ti resterà per sempre seduto accanto
ma che tu non ascolterai più.
E io che ti volevo prendere la mano e accompagnarti
dentro quella storia infame di un piccolo intrigante
che voleva vederci chiaro.
E l'istinto di un compagno cercava di scappare,
ma la polizia lo prese e lo convinse a lavorare.
Ora lui vive tra lenzuola ben stirate, bistecche ben bruciate
e la pistola l'ha dimenticata su quel treno di morte
dove io però l'ho ritrovata.
Quel treno che io volevo perdere
e che invece mi ha aspettato prima di ripartire.
E dopo dodici giorni ho sentito una canzone,
che non era indifferenza.
Sto cercando di capirla, ma trovo solo diffidenza.
E le mie carte non le posso più innaffiare con il vino,
perché ormai nessuno crede più nell'esagerazione,
e nella nostra Comune
non si troverà mai più Rivoluzione.
E se un giorno la tua finestra rimanesse aperta per sbaglio,
le tue scarpe sparse ti potranno dire che Dio non vuole,
ma che l'hai desiderato tanto da quando io te l'ho impedito.
Forse, alla fine, hai ragione tu.
Io sto ancora cercando.
Ma cosa in particolare non lo puoi neanche immaginare.
Una Volante Rossa, un altro detonatore nella mia vita.

O forse una Daniela che non mi guardi troppo
prima di dirmi che è finita,
senza che nessuno la volesse neanche cominciare.
Forse solo il tornare io, senza rancori.
O solo forse il non sentirmi così solo dopo averti visto.
Forse il riuscire a spiegarti che sono rimasti solo i sette nani
perché Biancaneve è già morta vicino Thiene,
anche se nessuno ricorda la sua voglia di essere compagna.
Tutto è fermo.
Nulla si scompone.
Ma quanto era diverso il nostro amore da questa rassegnazione.
Farsi pazzi per amarci
è il più bel regalo che questa vita potesse farmi.
Non rimpiango niente.
Rimpiango te.

3: IL GIORNO DOPO (tra passato e presente)

Dio, che mal di testa. Non devo assolutamente bere più così tanto. Come cavolo avrò fatto ad arrivare fino qui? Che stanza è? Ho la gola secca. Che mal di reni! E tu? Tu che ci fai qui, Rita? Ma sì, è vero, ora ricordo. Ti sono piovuto a casa ubriaco e tu come sempre mi hai fatto entrare. Dio, la testa! E questo torcicollo! Certo che dormire in due in questo letto così piccolo è proprio scomodo! E non è che sia poi così tanto romantico stare scomodi. E tu dormi ancora. Un giorno di una mia vita fa, a casa tua, mi hai fatto trovare una rosa bianca sul comodino. Ma io l'ho buttata. E tu l'hai raccolta e l'hai messa in un bicchiere con dell'acqua dicendomi che l'avresti tenuta te, per me, fino a che io non l'avessi voluta. Il riferimento alla tua verginità era evidente, ma io allora non ho neanche perso un attimo per risponderti. Rita. sei sempre stata così romantica. Ma solo con me. Con tutti gli altri invece eri sempre stata scorbutica, strafottente, mentre con me... una rosa bianca, appunto. Hai sempre trovato la pazienza e l'amore per sopportarmi. Ma ogni volta che ho cercato di afferrarti sei svanita tra le mie mani. Come se noi fossimo stati maledetti da Dio e dagli uomini, destinati a non trovarci e non capirci, mai.

Maledetto cognac. Stanotte sono stato proprio una bestia. Mi hai detto che era tanto tempo che aspettavi di fare l'amore con me e io invece ti ho scopato con furia, senza parlarti né curarmi di te e del tuo piacere, come avrei potuto fare con qualsiasi mignotta. Non avessi bevuto così tanto ti avrei potuto dire tutta la voglia che avevo anch'io di stare con te. Che mi eri entrata nella testa veramente e che spesso in galera ti avevo cercato tra i miei ricordi. Ma so perfettamente che queste sono cose che si devono dire nei giusti momenti, che il mattino successivo sono già fuori tempo massimo. In queste cose tu sei stata sempre più brava di me, sei sempre riuscita a fare qualcosa di meraviglioso per me, a restarmi sempre accanto anche quando non c'eri, nel mio ricordo, vivendo con me ogni mio momento. Ogni momento... hai un sussulto nel sonno, ho un ricordo nella mia mente. Socchiudo gli occhi e rivedo quando in un solo attimo mi fermano il mio tempo e mi strappano di dosso il ricordo.

Una catenina d'oro. Non puoi sapere che cosa possa essere. Mentre mi arresti e mi fracassi un timpano con il calcio della tua pistola d'ordinanza e mi massacri le reni a calci, non puoi sapere che io sto solo guardando quella catenina a terra che tu mi hai strappato. È ridicolo, ma vorrei dirti di aspettare solo un attimo, di farmi raccogliere quel pezzo della mia vita che tu hai gettato a terra. Ma è impossibile interrompere la furia omicida di un gorilla della DIGOS. Non potrebbe capire perché lui che non si domanda neanche se la gente che massacra abbia un'anima, come potrebbe mai immaginare che una banale catenina sia intrisa di anima, di vita e anche di lacrime. Le tue lacrime stizzite, pensose, e a volte intellettuali, Rita. E a terra sul marciapiede mentre mi picchiano, e dopo nella loro Volante, tra schiaffi e urla, mi ronza nella testa solo la stessa domanda di tanto tempo prima che non sono mai riuscito a farti. «Rita, perché non hai mai lasciato brutti ricordi nella mia memoria?»

E il terrore percorre le strade di Roma nelle sue facce opposte più stereotipate. Insieme su un'auto, ma come facce di una stessa medaglia, ci siamo noi, i cattivi, e loro, i buoni. Entrambi terroristi di un diverso terrore. Potere e Contropotere. Lotta e Repressione. Ma mentre tu corri, gorilla, e strilli la tua squallida sirena, io non sto pensando, come tu credi, al colare del mio sangue o allo stringere delle tue manette dietro la mia schiena. Ascolto, invece, il disagio del mio collo vuoto, senza la catenina. E rivedo invece delle immagini vecchie di anni, ma mai scolorite, mai in bianco e nero.

La tua prima sera dedicata a me, il giorno del mio compleanno, o del mio anniversario, non ricordo. Una fumosa osteria della vecchia Roma proletaria. Intorno a me decine di litri di vino, una ventina di amici cretini, la mia amante *ufficiale*, e la nuova donna che vorrebbe avermi per sé quella sera, e anche mia moglie. A un tratto entri anche tu, Rita, e mi guardi e subito le chiedi. «Chi è lui? Quello carino... mi piace. È tuo marito?!». Ma tu non desisti e resti lo stesso a guardarmi, fingendo di ascoltare lo sproloquio presuntuoso di Elisa che cerca anche la tua approvazione. Con la coda dell'occhio ti guardo anch'io. Poi ancora e ancora. E infine i nostri sguardi che si incrociano e si trovano. E su questa Volante che mi trascina via mi ricordo di te e mi viene da chiederti, come se fossi qui vicino a me. «Ricordi? Ricordi, Rita il sorriso di quella sera?»

La mia mente velocemente viene come richiamata nel letto, nella penombra di questo strano mattino a casa tua, perché hai un sussulto, quasi a risposta di quella mia domanda di allora. Ed è strano, o forse sono soltanto io che sto cercando, inventando un poco di poesia, ma mi sembra che tu sorrida nel sonno, forse ricordando anche tu. E anche mentre dormi riesci a soddisfare la mia voglia di te. Mi si è addormentata una spalla ma non mi voglio spostare, non voglio svegliare questo tuo sorriso, interrompere questa dolcezza che mi coglie guardando il tuo viso e che si mischia con il mio dolore. Socchiudo gli occhi e mi ritrovo ancora la mente al dolore dei miei polsi incatenati. Una frenata, poi sono stato preso di peso, trascinato. Le scale. Erano sporche, ma mi era sembrato del tutto normale. Da dentro ancora il grido che assaliva la mia mente. *«Lasciatemi andare, la catenina che mi ha dato Rita e rimasta sul marciapiede»*. Sbattuto, scalciato, legato. Un pugno. Un altro. Dozzine. Alla fine, mi hanno rialzato di peso e incatenato con le manette a una sedia. Poi la porta che si è chiusa lasciandomi da solo, legato, con il mio sguardo verso la finestra alla ricerca di uscire fuori da lì almeno con la mia fantasia. E tu eri nei miei ricordi. Ho sorriso sforzando il mio labbro spaccato ripensando a Venezia. Al traghetto. Al tiepido sole. Alle due gocce di pioggia che con i raggi di quel sole mi avevano dipinto il cielo di un rosa pallido. «Mi stavi aspettando?», ti avevo chiesto quel giorno, arrivando. Nella pioggia una fede nel tuo dito. Un nome nell'oro dell'anello. Il mio. E ti ho guardato e ti ho scoperto il tuo sorriso infantile della felicità di avermi sbalordito. Dolcezza a Venezia. Quella che poi è riuscita quel giorno a portare la mia mente fuori da quella stanza del commissariato dove mi avevano lasciato, solo, incatenato a una sedia.

L'avessi visto in un film sicuramente lo avrei trovato uno schifo, mieloso, retorico, irreale. Ma invece era stato veramente reale, ci era realmente accaduto. E nella mia vita era restata indelebile l'immagine di noi, insieme, con quel senso cupo di Venezia in settembre, tra uno zaino e una borsa da viaggio, tra un traghetto fermo di notte e una mensa che proprio non ne voleva sapere di noi. Se mi chiedessero il colore di Venezia a settembre, risponderei sicuramente, rosa. E ancora richiami la mia mente nel tuo letto, al tuo seno che si appoggia sul mio petto, ai tuoi occhi che si aprono lentamente. «Buongiorno», ti dico.

Appoggi il mento sopra di me e mi guardi. «Buongiorno»

Ti accarezzo i capelli e scopro che non so proprio cosa dirti. Forse dovrei solo chiederti scusa per stanotte, che ero così ubriaco. Oppure dovrei dirti che ti voglio bene. Ma non faccio in tempo perché c'è qualcuno che urla dietro la porta qualcosa di confuso. Mi dici che torni subito. Ti alzi e ti vai a confondere con quelle urla. Qualcosa si rompe. Una porta che sbatte. Non voglio sentire, mi rigiro nel letto, ma la mia mente si ritrova proprio nella stanza sporca di sangue della Questura.

Si spalanca la porta e uno strillo di dolore da fuori mi fa riconoscere Federico. Hanno preso anche lui. Sento proprio sulla mia faccia la puzza di un alito intriso di vino di un poliziotto che domanda. Non ero da solo, ma so che non glielo devo dire, qualsiasi cosa mi facciano. Gli sputi, le bestemmie, le urla. Rotolo legato alla mia sedia preso a calci come un pallone mentre le voci intorno si accavallano.

«Sei fregato bastardo...»

«Ci invecchi in galera!»

«Ti spezzo le braccia»

«Dove sono le altre armi?»

«Chi era con te?»

Uno strano ronzio nella mia testa. Non so che cazzo gli ho detto, ma ho l'impressione che picchino ancora più forte. Ho sbattuto forte la testa cadendo con la sedia e non so se non voglio o non riesco più a riaprire gli occhi. E tutto come per incanto si placa.

«Questo è arrivato!»

«Tanto non parla...»

«Ma che vuoi che sappia?»
«Insistiamo con l'altro?»
«Buono anche quello...»

Bastardi. Mi lasciano così, rimesso in piedi alla meglio. Uno mi slega dalla sedia, mi sposta le manette, le allarga e mi fa mettere le mani davanti, non più dietro alla schiena e addirittura mi chiede se così vada meglio. Non rispondo e lui mi dà una sigaretta. «Fuma... allora, come stai?»

«Io bene e tu?», rispondo senza perdere il mio gusto per la provocazione.

Lui mi sorride e se ne va senza neanche sbattere la porta. Ho sonno e ho fame. E questa sigaretta mista al sapore del sangue ha un gusto amaro. Mi andrebbe di bere qualcosa. Una birra. E nella mente la birra mi porta da quella stanza della Questura all'ultima tristissima sera con te poco prima della galera, Rita.

«Ti fa male la birra...», mi dicevi con tono materno. Sempre la solita, pensavo, non mi lasci mai in pace. Hai appoggiato la tua guancia sul dorso della mia mano in silenzio. Due sole lacrime pensose in tutta la sera. Io ridevo e scherzavo con gli amici e alla fine me ne sono andato con loro. Lasciandoti da sola. Mi hai chiamato mentre andavo. Non ti ho risposto. Mi hai chiamato ancora, e ancora, e mi sei corsa dietro. Mi hai fermato per un braccio girandomi verso di te e ti sei staccata la catenina dal tuo collo e l'hai messa intorno al mio.

«È quella della mia prima comunione, ti prego, tienila con te», mi hai detto con un'espressione triste ma serena sul viso. Ho annuito divertito senza capire, senza capirti mentre tu mi sorridevi contenta. Poi ti sei asciugata le lacrime cercando di sorridermi ancora un'ultima volta prima di girarti e andare via. Questa volta ero stato io a chiamarti, ma inutilmente. Improvvisamente, anche se sapevo che forse non ti avrei rivisto mai più, mi sono sentito stranamente tuo prigioniero, anche se con dolcezza. Senza voglia di sfuggirti, di fuggire.

Quella voglia di fuggire che provo mentre un poliziotto mi viene a prendere nella stanza dove mi avevano come abbandonato. L'ascensore. Il sotterraneo. Le foto segnaletiche che sanciscono che sono prigioniero. In mano al nemico. In un angolo Federico. Non mi sono sbagliato, hanno preso anche lui.

Un ultimo vigliacco si sfoga su di me immobilizzato dalle manette con dei cazzotti al fegato. «Allora, sei tu la carogna che voleva ammazzare i colleghi?», mi ha detto parandosi davanti a me, per poi sputarmi addosso come un insulto prima di ogni cazzotto. «Io sono fascista».

Poi mi sollevano prendendomi per le manette e mi portano via. Ancora ascensori. E ripassando per quelle scale sempre sporche. È già notte. All'uscita, verso di me due, tre flash, non di più. Quindi ancora nell'auto che strilla di nuovo la sua sirena. Regina Coeli. E senza catenina.

Un turbine. Mi trovo in un turbine di nome Rita che mi trascina via dal suo letto, dalla sua stanza, da casa sua. E certamente sarà più facile potere ricostruire come ci ero arrivato che come ne sono uscito, perché mi ritrovo dentro la auto, di corsa, forse direttamente dal letto! Ed è dentro un cappuccino, a un tavolino sporco di un bar, interrotti da casse di latte scaricate e caricate, che ci raccontiamo la nostra realtà, oltre tutti i sogni e i ricordi, dimenticando il vino e il cognac, andando oltre al padre incazzato che stamattina si è reso conto che gli ho scopato la figlia proprio sotto il tetto di casa sua. Come sempre la realtà ci ha calpestato tutto, distruggendoci anche tutti i ricordi. Abbiamo sempre sbagliato tutto tra di noi, ma più di tutto abbiamo sempre sbagliato i posti. E in quel bar inospitale, la barba di un paio di giorni del padrone ci fa obbligatoriamente da contorno alle nostre parole. Che non hanno senso. Il senso lo sta dando l'odore del nostro sudore, la mia camicia sporca di tre giorni, i tuoi capelli arruffati, il tuo trucco del giorno prima un poco sbavato, la mia auto lasciata in seconda fila. Basta guardarci così, abbandonati a noi stessi, insofferenti a tutti questi ultimi piccoli contrattempi, per capire di avere perso il romanticismo, per capire di non avere molto futuro tra noi. Il nostro amore è stato ancora una volta rifiutato dal mondo e i nostri momenti insieme si sono sempre risolti in qualche situazione squallida. Come questo bar. Stiamo andando in cancrena. Con te che per prima rifiuti questa situazione, cercando di resistere. Ma non è possibile che sia sempre Venezia, che sia sempre poesia. Esiste anche il quotidiano. Ed è questo che ci ha sempre fregato. Non riusciamo a dividercelo, a sopportarlo. E mi racconti di tuo padre e della tua insofferenza al suo preoccuparsi per te. E ti guardo e cerco quel sorriso che mi portavi in visita al carcere una volta al mese. «Ora non puoi più scapparmi», mi dicevi e ridevi. E mi prendevi in giro, quel carcere lo chiamavi il tuo zoo personale con io che ero il tuo animale in gabbia. E ora non riesco più a vederti come allora, e questo tavolino tondo del bar ci tiene più distanti di quel vetro che in carcere ci separava.

«Una cosa la devi sapere, però. Mi dispiace non avere fatto meglio l'amore con te stanotte…», provo a dirti.

Il barista forse mi ha anche sentito perché comincia a fissarci mentre con uno straccio continua a pulire il bancone proprio davanti a noi, ma tu neanche te ne accorgi. «Meglio?! Non ti pare di avere fatto abbastanza? Dovevi sfogarti, no? Dopo tutta quella galera sono stata la prima scopata… beh, spero che sia stata almeno questo!», e ti interrompi perché quasi piangi prima di concludere. «Non ti sei nemmeno preoccupato che non rischiassi di rimanere incinta»

«Appunto… avrei voluto almeno che… sì, insomma non conservassi questo brutto ricordo di me. Non avrei mai voluto bruciare tutta la nostra storia con una scopata. Conti qualcosa per me…»

«Qualcosa? Qualcosa! Sono dodici giorni che aspetto, a cominciare da quella sera che sei uscito di galera, credevo… speravo… che saresti venuto subito da me. Ho aspettato, ho aspettato. Sono dodici giorni che non esco di casa aspettandoti. E mio padre mi aveva quasi convinto a lasciarti perdere per sempre e tu poi mi suoni alla porta di casa alle due di notte, ubriaco, alla ricerca di una scopata!». Poi aggiunge un poco rabbiosa. «E spero proprio che non me lo lascerai qualche ricordino»

«Rita, dammela una possibilità, ti prego, cerca di capire…»

«Ma perché mi hai scritto dalla galera, perché hai riaperto questa storia senza senso, che si era già conclusa, che era già finita…»

«Finita? Beh, no. A questo non ci sto. Se siamo qui, anche solo a insultarci, se sei venuta a trovarmi in galera, se mi hai aspettato tutto questo tempo, vuole proprio dire che qualcosa c'è». Poi aggiungo. «E poi sai che mi sei mancata subito dopo che mi hanno strappato la tua catenina»

«E non ricominciare con questa storia. Quella catenina l'avrai scambiata per qualche stecca di sigarette», mi rispondi con cattiveria.

«Dio mio! Sembri mia moglie!»

«Hai ragione, scusami, non dovevo...», ti scusi non molto convinta. «Ma devi capire. Tutti questi giorni! Stavo impazzendo. Possibile? Possibile mi dicevo, che mi ha preso per il culo un'altra volta? Come ho fatto a ricascarci?»

Le rispondo con tono impersonale, quasi asettico. «Sto passando dei giorni schifosi e terribili, forse lo avrai anche saputo. Cerca di non finire anche tu tra le cose da buttare, tra i rami secchi della mia vita che devo assolutamente tagliare»

«Dove c'è anche tua moglie?»

«Certo. Lei è la prima»

E usciamo dal bar senza avere reciprocamente capito nulla delle nostre realtà, sappiamo solo che quella nostra in comune non va, che non riesce a decollare. E giriamo cercando un posto dove potere stare bene. E alla fine decidi che forse sia meglio cercare di levarti di dosso la confusione cambiando un vestito, lavando una faccia. Risali a casa tua, e ci diciamo che sia meglio che io non t'accompagni, meglio evitare tuo padre oggi. Scendi dalla mia auto non molto convinta. «Ti ritrovo?», mi chiedi. Non ti rispondo. Ti guardo mentre vai. Tanto parlare, tanta insoddisfazione, tanto cercare dei luoghi consoni. Ma è difficile trovare in una città quello che invece andrebbe cercato dentro noi stessi.

In questa bella città che ha tutto, ma che da sola non può risolvere questo nostro disagio. Questa città che dopo tanto tempo avevo rivisto da dietro le sbarre della feritoia di un cellulare. Roma.

Finalmente dopo tanto andare, dopo tanti trasferimenti, Roma. Cerco di afferrare con gli occhi l'aria, le immagini, la vita di Roma. E per ogni luogo che intravedo mi chiedo se forse sia cambiato qualcosa, oppure no. Ma non trovo risposte, perché forse sono solo io che manco da troppo tempo. Da dentro questa cella ambulante che mi trasporta, prego di trovare per la strada qualche ingorgo per potere avere più tempo, per potere rubare qualche particolare in più al mondo dei vivi. Ma alla fine arriviamo. Rebibbia è imponente da fuori. E appena ci entri quell'imponenza ti cala addosso, ti assale, ti schiaccia. Lugubre, tetra. Piccoli pezzi di prato in penombra, grandi muri illuminati. No, non riesco a trovare più nessuna forma di ironia. Mi sento svuotato dopo quattro anni di galera passando di carcere in carcere. Non rido più. Non riesco più a deridere quelle sbarre dipinte di verde. Ancora porte. Si aprono e si chiudono al mio passare, ormai rassegnato. Chiavistelli per evadere non ne ho più. Neanche nella fantasia. Vuoto, sono arrivato al vuoto. Al nulla. Sprofondo. Mi lasciano in una cella di transito e mi dicono di aspettare. Eh già! Dove volete che vada? Mi manca persino la voglia per chiedere che almeno mi levino gli *schiavettoni*, questi ignobili ferri che oltre alle mani, legano anche i miei nervi distrutti a quella catena. Una cella vuota, solo una panca, anche lei incatenata al muro. Tre passi per due. Misurarla è facile. Ma perdersi o piangere lo è ancora di più. *«Perdio, reagisci»*, mi dico da solo.

Reagisci? Ma a che cosa? Sette carceri diversi. Tutti questi anni a girare per l'Italia ma senza mai muovermi da una cella. *«Dio... dio... San Michele aveva un gallo bianco rosso verde e giallo»*. Devo sforzarmi a pensare. E a chi? Sono solo, solo nelle mani del nemico. Incatenato. Tre processi. Quante volte sono salito e sceso da auto, blindati, treni sempre in catene, sempre guardato a vista. Mi hanno definito pericoloso. Chi, io? Mi viene da ridere solo al sentirlo, eppure è così. Sulla mia scheda c'è annotato che dopo quest'ultimo processo da Rebibbia andrò direttamente a *Badu 'e Carros*. Ma non c'è scritto che già so che prima del trasferimento verrò ancora una volta pestato con pugni, calci e bastonate dai secondini. Altri ci sono passati prima di me e ne sono usciti chi con braccia, teste o mascelle rotte, con denti saltati, genitali scoppiati. *«Dio... dio... San Michele aveva un gallo bianco rosso verde e giallo»,* ripeto nella mia mente per non pensare. Non devo impazzire. Mi hanno abbandonato. Compagni zero. Amici zero. Elisa a scopare con qualche compagno. Non riesco più a trovare tanto il ridicolo che sarà l'unica che mi ricorderà per potere parlare di sé. *"Vedete compagni quanto sono forte, dura, sempre nella lotta, nonostante che ho un marito in galera...",* starà sicuramente blaterando. Perché io per lei ci sono ancora solo per vantarsi di essere la donna di un compagno carcerato. Mi ha detto che fuori di qui sono diventato quasi un'istituzione e il carcere viene sempre associato al mio nome. E già. Ti fanno santo per dimenticarti meglio. E se non accetti il tuo ruolo di martire per la causa, se ti ribelli e cerchi di fargli capire che invece sei ancora vivo, perdio! vivo e con dei sentimenti, pensieri e angosce, allora no. Allora non sei più il compagno carcerato, ma diventi solo un povero disgraziato che la galera ha ridotto proprio male e che ormai è meglio dimenticare. E il mio ridere, il mio divertirmi, il mio incazzarmi, il mio scopare, scherzare, gridare, il mio stesso essere, che fine gli avete fatto fare? Ormai so di essere morto per tutti. E forse vorrei morire davvero, e farla finita con l'ipocrisia di chi sfrutta la mia carcerazione per gridare slogan di lotta e mostrare sofferenze fasulle. «Dio... dio... San Michele aveva un gallo bianco rosso verde e giallo», mi dico da solo sottovoce.

Rumori di chiavi, di passi. Risate di poliziotti e secondini che forse si salutano dopo avere consegnato il pacco che io rappresento per loro. Mi portano al *braccio* finalmente? No, stanno invece portando un altro. Lo hanno appena arrestato. Chi sarà? Speriamo che non lo facciano aspettare qui con me, non voglio tra le palle nessuno, non voglio parlare con nessuno. Lasciatemi solo. Oppure vi prego, uccidetemi, abbattetemi come una bestia malata, come un cane randagio. Perché forse sono proprio così oramai, sono diventato solo una bestia da abbattere. Però, invece, chiudono il nuovo proprio nella accanto alla mia. Silenzio. Poi ecco che cammina. Si ferma, si siede. Piange. Poveraccio. Lo hanno appena preso. Chissà chi sarà? Mi alzo, cammino per fare rumore e fargli accorgere della mia presenza. Non voglio che pensi che io sia uno messo qui ad ascoltarlo. Due minuti e bussa sul muro. Che vorrà? Penso che non sia il caso di rispondergli, ma invece batto sul muro anch'io. Silenzio. Penso che potrebbe essere un compagno e faccio una cosa proprio imbecille. Ma chi se ne frega. Come un *carbonaro* mi metto a fischiettare l'*Internazionale.* Ed ecco che si mette a fischiare anche lui. E riconosco subito come abbia intonato *Contessa*. Poi smette e anche lui si mette a fischiettare l'*Internazionale*. Ma sì, ma sì ho capito. Dio che groppo in gola. Da quanto… da troppo tempo non sentivo queste note e sento come sangue nuovo scorrere nelle vene. «Chi sei?», gli chiedo dalla finestrella della mia cella.

«Sono un compagno di Centocelle. E tu?»

«Sono di Val Melaina»

«Perché sei dentro?»

«Armi ed esplosivo», rispondo in modo generico.

«A me mi stanno accusando di quattro omicidi, ma non è vero, sto solo con il comitato del quartiere… faccio antieroina militante contro gli spacciatori…»

Lo interrompo perché, no, compagno non si deve fare così, potrei essere stato messo qui dalla Polizia solo per farti parlare. Cazzo, con me ci hanno provato! «Non mi devi raccontare niente, piuttosto dimmi quando ti hanno preso», gli dico con tono molto risoluto.

«Ieri sera, e tu?»

«Io sono qui per un processo. Sono più di quattro anni che sono dentro. Poi mi mandano a *Badu 'e Carros*»

«Mi dispiace… ma senti, mi hanno già gonfiato di botte… è un giorno e una notte, non ce la faccio più. non vorrei che mi menassero pure i secondini. Se senti che lo fanno cerca di aiutarmi…»

«E come?! Cazzo…», cerco di rispondere ma veniamo interrotti da dei rumori.

«Attento! Arrivano… ciao, ciao»

«Aspetta. Come ti chiami?»

«Brunello, e tu?», mi dice mentre vedo la sua mano tendersi nel vuoto, fuori dalla finestrella della sua cella.

«Vorrei cercare di darti la mano, ma mi hanno lasciato gli *schiavettoni*!», gli rispondo quasi disperato per non poterlo salutare

Ecco il rumore della porta. Entrano, ridono, lo prendono e lo portano via. Lo sento chiedere pietà e qualcuno disprezzarlo per questa supplica. «E tu saresti un terrorista? Fai schifo, sei solo merda», lo insultano mentre lo trascinano.

Addio. Non l'ho neanche visto in faccia. ma lo devo ringraziare, perché *porca puttana*, compagno, mi hai ridato il senso della lotta e della vita stessa. E tra i denti mi ripeto con rabbia in un sibilo. «San Michele aveva un gallo bianco rosso verde e giallo, San Michele aveva un gallo... e PAGHERETE CARO PAGHERETE TUTTO!»

Riaccendo la macchina, ho voglia di scaricare tutta la mia rabbia, perché tutto questo mio passato ha un senso, perdio se ha un senso! E non può, non devo lasciare che finisca tutto in merda per colpa di troie o di vermi che si definiscono compagni. E Rita sale quasi con l'auto in movimento. «Ehi! Mi lasciavi a terra?». Non rispondo, ma forse il mio sguardo, i miei occhi parlano molto più di me, perché resta in silenzio, senza più dire nulla, mentre guido con lo sguardo fisso davanti a me. Io so dove trovarli, so dove potere cercarmi un senso ancora. Una corsa affannosa nella città, nella mente, nella mia rabbia. E alla fine eccolo là, il bar davanti al comitato, e loro ci sono, precisi come un appuntamento. Lascio Rita nella mia auto e salgo con loro su un'altra.

Ci allontaniamo un poco e quasi subito ci fermiamo e mi chiedono. «Allora? Che cosa è successo?»

«Voglia di vivere», rispondo.

«Questo si vede... e poi?»

«Voglio parlare con tutti!»

«Non sappiamo se sarà possibile»

«Beh, allora mi accontento di chi mi voglia ascoltare. Per voi non contano un cazzo i miei anni passati in galera, ma là dentro io ci sono stato per tutti, non solo per me, e lo voglio sentire detto da tutti che non conta un cazzo! Lo voglio sentire con le mie orecchie e voglio parlare anch'io per dire a tutti quello che penso, e mentre lo dico vedervi in faccia, guardarvi negli occhi»

«Calma, calma. Che cazzo ti è successo? Nessuno dice che non gliene frega niente, nessuno vuole che tu molli, e poi, quello che ha da dire un compagno come te ci interessa sempre… non siamo, non sono come tu dici. Mi interessa. Ma sei sicuro che sia politico quello che vuoi dire? Sei sicuro che non sia solo una questione tra te e tua moglie?», mi dice Vittorio, quello che conta più di tutti nel nostro Comitato di zona.

Lo interrompo. «Mia moglie non c'entra un cazzo!»

«Va bene. Ma non è detto che non mi interessi anche questo aspetto della faccenda, ma mi interessa a livello personale, come amico. Insomma, se vuoi una riunione politica centrale, facciamola, ma non deve diventare una piazzata tra te e tua moglie!»

«No, anzi. Dille di non venire neanche»

«Ma… come compagna potrebbe…»

Questa volta quasi urlo. «Come compagna non ha mai capito un cazzo e questo tu lo sai benissimo!»

«Oddio, se ti sentono le sue compagne del collettivo femminista ti castrano! Ma tutto sommato sono d'accordo con te, meglio che non venga»

Scendo dall'auto e mi appoggio per un attimo al finestrino e chiedo a Vittorio. «Ma tu sei veramente convinto che non sia politico il fatto che un compagno sia andato a letto con mia moglie proprio mentre io ero in galera? Tempo fa il *personale* non *era* politico?».

Non mi risponde, ma d'altronde sarebbe anche inutile perché lui non sarà mai in grado di capirlo. E resto a guardare la loro auto che se ne va. Domani sera. Ho un appuntamento con quindici anni della mia vita, ho un appuntamento che devo a tutti i quei compagni ammazzati e quelli carcerati, ho un appuntamento per capire, finalmente capire se le loro vite, e anche la mia, sono state veramente buttate. Ritorno verso Rita a piedi e mi accorgo di una cosa strana. Il mio passo è tornato normale, il solito, non lo costringo più rasente ai muri come facevo in galera. Finalmente qualcosa dentro di me comincia a scaricarsi. Ed è un passo veloce come se avessi soltanto un minuto. E mentre cammino mi ritrovo con la testa indietro nel tempo, a tutte quelle volte che la mia vita è stata legata a un minuto, soltanto un minuto, soltanto uno per allontanarsi, non di più per pensare. La lunghezza di un minuto è poche decine di centimetri di miccia, ma potrebbe diventare una vita.

La chiave della mia auto mi è caduta a terra. C'è tempo? Non c'è tempo? La raccolgo e non sono in affanno. Una mignotta, poi un'altra, si avvicinano a un fuoco per scaldare il loro corpo seminudo. Una macchina che rallenta mentre con calma io faccio ripartire la mia. Dall'auto due militare chiedono il prezzo. Si sente ridere una delle due prostitute. Risata interrotta da un boato che mi suscita un sorriso di soddisfazione. Faccio un respiro profondo. Andiamo.

«Ciao», dico a Federico.

«A posto?», mi chiede mentre salgo sulla sua auto e lui sulla mia.

Scambiamo le auto e io da quella di Federico nello specchietto vedo la mia ripartire. Due chiacchere nervose con Daniela. Battute aride, quasi irose, senza senso. La tanica è ancora al suo posto. Nessuno l'ha vista. Una breve pausa prima di andare perché nei paraggi c'è un'auto ferma con tre uomini a bordo.

«Lascia perdere», le dico.

«Perché?»

«Lascia stare ti ho detto, e andiamo, con calma, come se niente fosse». Giriamo intorno al palazzo parlando forte come se tutti ci dovessero sentire.

«*Speciale*?», lei mi chiede sottovoce preoccupata, appena dopo girato l'angolo.

«Forse»

«Aspettiamo?»

«Prendiamo una birra al bar e poi torniamo a vedere»

«E se fosse davvero la *speciale*? Lasciamo perdere...»

«Non ti preoccupare», la rassicuro io.

Il cuore lo senti bene in queste situazioni. Ti sbatte nel petto, ti rimbalza in gola e poi si sgonfia e pare che si debba fermare. «Stai calma», le ribadisco, ma forse lo sto dicendo più a me che a lei. Perché tutta l'esperienza del mondo non può bastare a vincere questi momenti. Non è angoscia. È timore dell'ignoto. I muscoli tesi. «È freddo vero?», le chiedo. No che non lo è, ma il freddo che sento dentro mi immobilizza le mani, le gambe. Devo reagire. Reagire. E come sempre accade non scappo ma corro verso il pericolo. «Aspetta qua, vado io», le dico. Porto con me la bottiglia di birra appena comprata. Il passo veloce, quasi avessi fretta. Ma è come se volessi scappare dalla paura, la volessi lasciare indietro, scrollarla di dosso. L'auto con i tre uomini non c'è più, al suo posto ci sono due ragazzi che amoreggiano. Mi guardano scocciati, ma non se ne vanno. Non me ne vado neanch'io. Ehi, non vorrei che mi prendessero per un guardone! Vado alla macchina a prendere l'innesco. I due se ne sono andati. Poveracci, gli devo avere mandato indietro la voglia. Chissà le parolacce che hanno detto contro di me! La tanica scivola sotto la macchina che devo bruciare e ritorno alla mia auto e dico a Daniela di risalire. «Fatto», le dico soltanto.

«Cosa?»

«Tutto»

«E io?», mi chiede.

«È uguale. Ho fatto lo stesso da solo»

Forse le scoccia anche, ma fa uguale. Un bagliore in lontananza. La lascio alla fermata di un autobus. Ho un altro appuntamento. Di nuovo con Federico. Sotto casa mia dove ha parcheggiato la mia auto. Risale sulla sua e gli cedo il posto al volante. «Sei in ritardo. Complicazioni?», mi chiede.

«Fregnacce»

«E lei?»

«Su un autobus… tu, piuttosto, hai tutto?»

«Un cazzo! Manca la miccia e ho solo il detonatore…»

«Niente!». Metto una mano nella tasca della giacca. «Basta questa?»

Lui guarda il pezzetto di miccia che ho tirato fuori. «Saranno sì e no trenta secondi, sarebbe da pazzi…»

«E noi che siamo? Stiamo correndo da un capo all'altro della città con dei ragazzini che si sentono tanti *Che Guevara* per fare cosa poi? Per bruciare una serranda, un'auto o un giardino. Non siamo pazzi noi?».

Ride. Trenta secondi ce le facciamo bastare e ci diverte tanto vedere la paura e lo sbalordimento delle persone che incrociamo dopo l'esplosione. «Un'ultima birra?», mi chiede lui con tono quasi provocatorio perché sappiamo che dovremmo allontanarci.

Condivido e mento. «Vada per la birra. Tanto siamo abbastanza lontani»

Entriamo in un bar e appoggiati al bancone con una bottiglia in mano, osserviamo il via vai di gente e sirene che si agita per la strada. Forse ci sentiamo come Tex Willer e Kit Carson. Ma la notte è così bella se si passa *giocando*.

Mi fermo per la strada e mi appoggio con le spalle al muro e mi ritrovo a sorridere nel ripensare a quelle notti passate con Federico a giocare con micce, esplosivo, benzina e detonatori. Sento un senso di dolce tristezza, quasi rimpianto. Ritorno in me perché c'è ancora Rita che mi aspetta nell'auto. Salgo, accendo il motore, ma lei ancora non parla. Vicino a dove ci troviamo c'è una trattoria. È un poco presto, ma ci fanno accomodare proprio perché gli diciamo che non abbiamo fretta. Ora il posto va bene. Possiamo stare in pace. E anche pranzare mentre cerchiamo di capire. Ti scruto, mi piaci, chissà se riuscirò a spiegartelo e se tu riuscirai a capirlo. Ma alla fine del cibo ci accorgiamo come le parole siano finite. Tu non sorridi più neanche tanto. Sappiamo che è oggi o mai più.

«Vuoi venire a vivere con me?», ti chiedo anche se sento di stare a sforzare qualcosa tra di noi.

Se tu avessi visto un extraterrestre forse avresti fatto uno sguardo meno sbalordito. A momenti ti strozzi. E devono passare almeno un paio di minuti prima che ti esca dalla bocca. «Sei matto?!», frase che però io non capisco.

«Perché no?», ribadisco.

«E la casa dov'è? E il lavoro? E tua moglie e tua figlia?»

«Questi sono particolari che si possono sistemare facilmente. Ma tu... tu vuoi venire a vivere con me?»

«Particolari?! Quei *particolari* come li chiami tu, ci hanno tenuto lontano per anni. Quei particolari sono stati e saranno sempre la base per potere vivere insieme a qualcuno!»

«Rita, non dirmi di no. Potrebbe essere l'ultima volta che hai la possibilità di dirmi di no a una domanda del genere», ti dico molto seriamente.

«No! No, no, no... no, noooo, no e poi no!»

«Ehi! Ne bastava solo uno di no. Mica volevo sentire tutti i modi che ci sono per dire no!»

Tu mi guardi, scuoti la testa, sorridi come a rispondere a uno scherzo. Poi rifletti un poco. Alzi lo sguardo e mi fissi, e i tuoi occhi si fanno un poco lucidi e mi parli, quasi con dolore, per farmi capire o forse solo per capire insieme. «Non mi farò rovinare la vita da te, no. Tu ci hai provato in tutti i modi a farmi impazzire, ma io oggi non te lo permetto e non te lo permetterò più. Non puoi giocare in questo modo con la mia vita. Voglio tornare a essere una ragazza normale. Ho ventitré anni, voglio finire l'Università, trovarmi un lavoro e vivere una vita normale insieme a un uomo che amo. Non voglio stare a combattere con Polizia e perquisizioni, non voglio vivere nell'angoscia dell'attesa, come prima quando mi hai lasciato in macchina senza dirmi nulla, dopo avere guidato come un pazzo per la città. E io lì... ferma a guardarti mentre entri in un bar, e poi Sali su un'auto e te ne vai e torni tutto tranquillo a piedi dopo mezz'ora. Ma dove credi di vivere? In un film di spionaggio?»

«Ma tu non sputi mai?», le chiedo spiazzandola. Lei mi guarda storto o forse solo stupita per quella domanda. E io continuo spiegandole. «Piglia fiato, ogni tanto! Mi hai rovesciato addosso un mare di parole per dirmi solo un no. No, perché non ti piace la mia vita. No, perché vuoi una vita tranquilla. No, perché in fondo non sono così importante nella tua vita»

Mi sorridi ma in modo strano, tristissimo. «Non sei importante? Tu non sei stato *un* uomo nella mia vita, tu *sei* l'uomo *della* mia vita, e lo resterai per sempre, anche se finisce tra noi. E non lo capisci, allora, che è per questo motivo che con te non voglio solo un'avventura, vivere insieme magari per due o tre mesi per poi vederti portare via ancora in galera oppure… oppure peggio… sentirmi dire che sei morto. Sebastiano, tu sei pazzo. Io a casa mia voglio mangiarci a pranzo e a cena, e bene, e con te, e la notte voglio dormire pure tranquilla, nel nostro letto a fare l'amore con te, senza paura che all'improvviso la Polizia suoni alla porta di casa per portarti via»

«Se volevi qualcosa di normale dovevi cercarti una persona normale. Comunque, ho capito, tu non hai fiducia in me, è questa la verità. Non hai fiducia che io riesca a costruirmi da capo un'altra vita. Mi immagini ubriaco, sbandato, dentro e fuori di galera. E questo pone fine a tutti i discorsi. Anche tu sei un ramo secco».

E qualcos'altro di inutile si dice, si cerca di spiegare, di aggiustare, ma si è superata la barriera oltre la quale non si torna più indietro. Ci siamo detti le nostre realtà e abbiamo capito che non coincidono con il nostro futuro. E ci siamo dati un appuntamento e un bacio, e se ci scambiamo un sorriso e qualche tenerezza sappiamo che è solo per non morire subito, per delegare al tempo di separarci. Ti lascio sotto casa senza dolore. E l'auto va via subito, con me dentro, quasi sollevato, senza neanche guardare nello specchietto che cosa stai facendo, se mi guardi andare via o se piangi. In fondo ho risolto un problema, sciolto un enigma. Rita, tu non farai più parte della mia vita.

Cadono le foglie ingiallite, cadono le gocce di sangue rinsecchite.
E i ricordi sono solo stelle cadenti
che sembra vadano a dormire all'orizzonte del mare,
irraggiungibili come i nostri destini.
Ma restare in vita non è un lavoro
a cui possa rinunciare così tanto facilmente
e ogni tuo desiderio prevede che la mia morte mi sembri rosa.
Ma di rosa rimane solo il cielo di Venezia a settembre,
tutto il resto è soltanto un buio nero
che assorbe il tuo cuore, il tuo anello, il tuo sorriso,
la tua rosa bianca mai colta da me.

Ti avevo solo chiesto un sogno invece che realtà.
La tua giusta logica voglia di normalità
ha ucciso la nostra poesia.
Definitivamente. Irrimediabilmente. Irreversibilmente.
E non sai neanche quanto mi mancherai.
Per sempre.

4: SERA

E senza neanche sentire per un attimo la mancanza di Rita appena abbandonata, mi trovo, come tanto tempo fa, nel bar dove tutte le sere molti compagni terminano le loro giornate faticose e vuote. Luogo comune. Forse queste due parole possono avere anche un significato diverso, ma entrando in questo bar di San Lorenzo sono le prima parole che mi vengono in mente. Luogo comune, posto comune a tutti. E basta guardarsi intorno per capire che è sicuramente più di un semplice ritrovo. Sembra quasi un museo. L'intellettuale, il fricchettone, il *bombarolo*, tutti gli stereotipi della sinistra alternativa, *extraparlamentare*, si trovano qui dentro. Tutti simboli di diverse generazioni vittime dello stesso sogno di potere essere protagonisti. Spicchi di speranze, di lotte, di delusioni, di quell'enorme magma che viene definito *Movimento*. Anche se questo nome ormai mi sa quasi di sfottò. Movimento? Ma se non esiste niente di più immobile e immutabile che il nostro ribellismo deluso e sconfitto! Sembra impossibile ma questo bar è l'unico posto dove non ho trovato nulla di cambiato. Il compagno con l'orecchino. Il compagno che si fa una canna. Il compagno ancora con l'eskimo oramai logoro. Il compagno con il *Manifesto* infilato in bella vista nella tasca della giacca. E c'è ancora anche il gruppo un poco appartato dei *cospiratori*. Quelli sono veramente eterni. Assumono sempre l'aria di chi stia per assaltare il *Palazzo d'Inverno* riempendosi la bocca di parole d'ordine terribili, e magari finiranno soltanto a farsi una canna.

«Una birra?». Sorrido annuendo al barman che me l'ha chiesto, e mi siedo accanto a un paio di compagni *studenti medi* che più che me o la mia compagnia, cercavano qualcuno che offrisse anche a loro un bicchiere di birra.

Un flipper ancora funzionante. Il solito sguardo truce del barman verso chi esagera un poco. Alcune risate molto disimpegnate. La noia. Sono sicuro che anche Elisa passerà di qua, perché è il posto dove è necessario apparire, farsi vedere. Non l'aspetto volentieri, ma voglio impedirle di venire anche lei domani alla riunione del comitato, per non rovinarmi quello che potrebbe diventare il mio ultimo atto da *compagno rivoluzionario*. Ultimo forse solo per me, anche se nelle mie *buone* intenzioni invece lo dovrebbe essere per tutti quelli fasulli come lei. Ma non ci spero un granché. E mentre l'aspetto fisso il gruppetto dei compagni *impegnati* nella loro malcelata, ma forse solo teorica, Rivoluzione armata. Stanno sempre in disparte. Non si possono certo mischiare con gli inaffidabili compagni del *Movimento*! Il vederli in quel modo così appartato deve rappresentare per tutti la serietà, l'avanguardia, l'élite, l'intera *Organizzazione*. Mi viene quasi da ridere mentre ripenso a cosa realmente la nostra *"precisa organizzazione"* che di volta in volta veniva pianificata.

Ma quale organizzazione! Questo è un caos indescrivibile con gente che va e che viene. E mi trovo davanti a dei riccioli a cavatappi, la bocca sottile e gli occhi indisponenti con uno sguardo che farebbe da solo un precedente penale. E che mi chiede se può venire anche quello che sta con lui, che è un suo amico e che lui vorrebbe portare con noi. Ma porca puttana! A rimorchiare, a una festa, in una birreria si portano gli amici, non alle *Spese Proletarie*! Mi guardano e se ne vanno, si sono offesi. Perché non ho permesso che entrassero ad assistere alla riunione operativa, che propriamente per questo motivo si definisce *ristretta*, e l'hanno presa come se glia vessi impedito di partecipare a una partita a Risiko! Ma se neanche si dovrebbe sapere che esistano questo tipo di riunioni! Che a dire la verità sono ormai sputtanate nel loro senso intrinseco. Diciotto persone presenti. Un'enormità. Ma a Vittorio non importa. Occorre che vengano ripetuti tutti gli slogan che portano a questo tipo di *azione*. *"Militarizzazione del nostro impegno politico"*. E che significa? Frasi di routine vuote e senza senso che anch'io mi trovo a pronunciare. Sono stanco di parlare, mi annoio da solo a sentirmi. Mi guardo intorno. Due stanno pomiciando mentre altri tre stanno ridendo tra loro. Colgo delle frasi in modo random.

«Che c'hai una sigaretta?»

«In due non arriviamo a 'no scudo...»

«E che ce famo con uno scudo?»

«Ahó! Dopo la spesa me lo dai uno strappo a casa col Ciao?»

Mi guardo intorno e colgo solo indifferenza, incoscienza o forse solo disinformazione, mentre il solito Roberto srotola frasi politiche vuote di significato. Gli slogan non hanno mai spiegato un cazzo a nessuno! Basta! Adesso voglio proprio parlare e so cosa dire. Alzo la voce incazzato nel silenzio generale.

«Compagni, qui stiamo parlando di una spesa proletaria e non me ne frega un cazzo fino a che punto abbiate capito la militarizzazione del territorio, il contropotere, e blablablà. Se qualcuno vuole veramente capire che significa, e ne dubito, potremmo fare anche un seminario. Ma un'altra volta, perché questo non è il momento di pippe mentali. Dovete fare attenzione perché qui stiamo facendo una riunione per la fase organizzativa, dobbiamo dividerci i compiti, prenderci ognuno i propri carichi di responsabilità e di rischio. La leggerezza con la quale la maggioranza di voi sta affrontando questa riunione è chiaramente sintomo di disinformazione. E qui devo dire a Roberto che, se dei militanti sono disinformati, la colpa è nostra. Vero Roberto? È colpa di tutti quei compagni che giocano a essere il *punto di riferimento*, il *responsabile dell'azione*, ma solo per sentirsi importanti. E questo è criminale. È criminale», ribadisco con forza nel silenzio generale. Credo che molti non abbiano ancora capito dove voglio arrivare e quindi continuo. «Compagni, non ci prendiamo per il culo altrimenti si rischia di farsi del male. Spesa proletaria è solo una frase politica, perché stiamo parlando di rapina, una rapina vera e propria, e armata per giunta. Perché, quando si deve immobilizzare qualcuno si usano le pistole, mica le parole! E anche questa riunione, proprio in questo momento è un'associazione a delinquere. È galera! Compagni, è galera. Se ci scoprono oppure se qualcuno fa qualche cazzata e ci prendono, è galera. Quindici anni di galera, non qualche settimana»

Il silenzio adesso è glaciale. Non ride più nessuno. Ho colpito giusto e duro, stavolta. Roberto mi strilla contro. «Ma che cazzo di discorsi. Cazzo. Dico... tu non puoi spaventare i compagni, cazzo! Dico... perché ci dovrebbero prendere? Cazzo! Dico...»

«Dici, dici! Ma statti zitto che è meglio! Questa è la realtà e i compagni ne devono essere consci. Devono sapere la verità prima di agire. Devono sapere che cazzo stanno facendo e che cosa stanno rischiando. Rapina! Ma tu l'hai capito? Stiamo parlando di una rapina. E, secondo te, neanche lo dovrebbero sapere. E tu vuoi andare a fare una rapina con qualcuno che magari pensa di giocare. E poi, come fai a essere così sicuro che tutto possa andare bene? Qui siamo in diciotto e quanti, non dico hanno tirato una *boccia*, ma quanti l'hanno mai vista, la sanno innescare, la sanno trasportare senza andare a fuoco loro per primi? Per non parlare dei livelli di sicurezza! Bene, io qui non conosco almeno dieci compagni, e sono sicuro che neanche tu li conosci tutti. Poco fa ho mandato via un compagno che conosco benissimo perché voleva portare con sé un amico. Capisci? Un suo amico mai visto né conosciuto e lui l'ha portato qua, a una spesa proletaria, come se fosse la cosa più naturale del mondo! Lo stava portando a una festa, e non a una rapina, capito? E questi sarebbero i tuoi livelli di sicurezza? Se fosse solo per te saremmo tutti già al *gabbio*!».

Diceva il buon vecchio caro Wladimiro che una rissa ogni tanto fa meglio di ore di discussioni. È vero. Ma caro Lenin, che diresti di noi che finiamo sempre a botte? E alla fine ci ritroviamo nella solita stanza. I soliti sette volti con le solite frasi. La calma tra di noi è solo un diversivo. Ci sbraneremmo a vicenda volentieri. Ci siamo autodefiniti *Struttura*, ma è un'altra cazzata. In realtà siamo solo quelli che si litigano il carisma. Si ridiscute della riunione andata a puttane insieme con la nostra spesa proletaria. Cosa si è sbagliato si sa, ma non si dice. Perché il nocciolo è che io e Roberto proprio non ci sopportiamo. Io lo considero un'arrivista. Qualcuno che cerca di fare bella figura nel comitato di quartiere o quello delle scuole, per acquisire *punti* a *livello centrale* e scalare le gerarchie, dove basta non fare obiezioni per essere considerati migliori degli altri. E forse mi comporterò anch'io così, è vero, in qualche situazione l'avrò fatto anch'io, ma tant'è. Comunque, come al solito, non siamo riusciti a portare a conclusione le nostre *azioni*, che ormai stanno diventando più pie intenzioni che azioni. Saranno dieci o persino venti le volte che ci fermiamo alle parole senza combinare nulla. Non credo che riusciremo mai a portare a termine una spesa proletaria, però ci occorre agire, è doveroso, perché siamo in realtà talmente tanto scalcagnati che crediamo che questo sia l'unico modo per fare vedere la nostra esistenza. Anche se ormai, a dire la verità, qualsiasi cosa facciamo, i giornali non ci dedicano più neanche un trafiletto. Beh, non mi oppongo alla decisione di *agire*. Anche se, non lo so, ma forse, tutto sommato, ormai queste cose le faccio più per divertimento che non per convinzione, ma è meglio non dirlo, specie alla *Struttura*. Che continua a ribadire la necessità di farlo, anche se non specificano come. Che ipocriti! Concludere con *"la struttura politica ha deciso che il comitato deve agire"* e punto, ben sapendo che poi fuori da quella stanza, si ritroveranno sempre i soliti due in un auto, a chiedersi sempre le stesse cose. Va bene che per la sicurezza di tutti, gli altri cinque non debbano sapere che cosa si faccia, ma lo trovo idiota che quasi in pubblico abbiamo parlato di pianificare cosa da quindici anni di galera e tra noi, magari per bruciare solo una macchina, si facciano tanti misteri. Ma forse è solo perché nel nostro intimo sappiamo perfettamente di non essere in grado di organizzare una rapina, o *spesa* che si voglia dire mentre fare saltare una serranda o dare fuoco a una macchina ci riusciamo. Anche se non sempre, però!

«A *materiale* come stiamo?», chiedo a Federico.

«Detonatore, miccia e polvere di mina ci sono»

«Manca solo un piccolo particolare… l'obbiettivo!»

È tutto da ridere. Pare una scenetta comica, ma è la realtà. Stanotte occorre colpire e non si sa né chi né cosa né perché. Roberto ci ha detto che passando con l'autobus ha visto un obiettivo possibile. Imbecille. Io rischio un'accusa di terrorismo e mi dovrei fidare di quello che lui ha visto da un autobus. Ma d'altronde non sarà né la prima né l'ultima volta. E pensare che magistrati e Polizia cercano archivi, basi logistiche e cazzate varie. Che probabilmente i *terroristi seri* hanno! Mentre noi siamo disorganizzati, sprovveduti e in definita solo cazzari e se non ci fosse qualche poliziotto o qualche magistrato a darci un poco di importanza nessuno saprebbe neanche della nostra esistenza. Rincorriamo il mito del partito armato e della sua pulita precisione, ma sono così diversi da noi. Anche se ci vuole poco, perché per noi chi riesca a mettere insieme una pistola e sei proiettili senza fare casini, è già un genio!

Quanti ricordi mi sono riaffiorati nella testa in questo bar-museo dove torno alla realtà ordinando al barista un'altra birra. E mi accorgo di sorridere quasi come un ebete su tutti i miei fallimenti passati, ma poi mi coglie un senso di smarrimento, sentendomi come perso, perché mi rendo conto che questo locale un poco retrò non mi appartenga più. Come mi comincia a suonare un poco stonato il termine *Compagno* con il quale definisco tutte le persone presenti.

Aveva un senso dietro le sbarre, quando ero veramente a contatto con quel proletariato di cui tutti qua dentro si riempiono la bocca, ma che ci resta così tanto distante e forse anche sconosciuto. Siamo tutti così poco seri e poco pericolosi (se non per noi stessi), e tutto sommato anche così profondamente borghesi. Qui parliamo, parliamo, parliamo, Dio, quanto parliamo! E riusciamo anche a parlare di nevrosi, complessi, traumi psichici, tossicodipendenza ed emarginazioni sociali per affermare l'idea dell'inesistenza di criminali veri e propri ma solo di casi sociali. Ma lo si dice senza sapere, mentre in galera io li ho visti, una casistica da fare invidia a un manuale di psichiatria. E non ho incontrato persone veramente cattive, anche se non lo potrei mai dire a loro perché lo prenderebbero come un insulto. Perché loro devono essere convinti di stare in galera perché sono stati loro ad avere scelto quel tipo di vita. Se potessero capire di essere in qualche modo vittime di questa società che li ha emarginati, allora sì che la loro miscela di violenza sarebbe ben indirizzata. Ma questo è un discorso talmente ovvio da risultare inconcepibile! E intanto la maggior parte di noi gioca stando ben attento a non farsi (troppo) male. Con l'orecchino, il piercing, qualcuno con i capelli ancora lunghi, qualcuno con il vecchio vespone sempre più trasandato, qualcuna ancora con le gonne indiane, altri con gli *Stalin* sempre pronti nelle loro auto. E il solito eterno compagno-scroccone che ti chiede duecento lire, una sigaretta, un bicchiere di birra. Sono quindici anni che mi perseguita, in tutti i posti, in ogni momento, con tante facce diverse che però hanno tutte la stessa espressione compassionevole.

E all'improvviso inciampo nel sorriso quasi timido di Sandra, che quasi trovo fuori contesto in questo luogo. Mi saluta, ma ride troppo. Ci tiene a dirmi una cosa. «Ho ricevuto solo oggi la tua ultima lettera dal carcere», e me la mostra.

«Funzionano male le poste», commento, perché proprio non mi viene da dire altro. Ma poi guardo il timbro che invece è di dieci giorni fa e mi chiedo perché mi ha mentito o comunque perché si porti dietro questa lettera. Ho la sensazione che mi nasconda qualcosa. Ma qualcosa di bello per lei, a giudicare dal sorriso che ha stampato sul volto. *«Hai proprio un bel sorriso, lo sai?»*, mi viene da pensare, ma mi trattengo perché è meglio che non glielo dica, avendo già la nomea di provarci con tutte. «Allora, Sandra... fatti vedere qualche volta», le dico come saluto.

«Io... io dovrei parlarti...», mi dice con un filo di voce e arrossendo.

Quanto tempo che non vedo una donna arrossire, sono tutte così sfrontate e sboccate come Daniela, mentre lei no, si mostra così normalmente umana e femminile con quel rossore. Che sensazione strana e piacevole. «Domani a pranzo per te va bene? Te lo pago io, perché mi sa che proprio in quella lettera te lo avevo promesso. Va bene?»

«Era una cena...», obbietta Sandra guardando verso il basso come se le fosse caduto qualcosa a terra.

«Pranzo... cena... non è lo stesso?», le dico con un tono distratto mentre la saluto ed esco dal bar. Ma ho la sensazione del suo sguardo addosso, come se mi stesse seguendo. Mi giro verso di lei che veramente mi sta guardando senza neanche fare nulla per nasconderlo. Che strano impasto di donna può mai essere, contemporaneamente infantile e sfacciata. E mi viene il dubbio che forse per lei ci sia qualcosa di più del semplice gioco iniziato dalla galera per lettera.

Metto in moto l'auto ma dopo qualche metro vedo Elisa, ho un sobbalzo e freno. Quando lei si accorge di me si avvicina. Tiro giù il finestrino e ci salutiamo. «Ti devo parlare, chiedere un favore», le dico.

«Anch'io ti devo parlare... ma seriamente...»

«Ora?»

«Ci possiamo vedere domani mattina qui. Stasera ho da fare», mi risponde vagamente e io annuisco e me ne vado.

Va bene domani. So quello che deve fare stasera ma quello che invece lei non sa è che non me ne frega niente. Non più. Sono anche sereno stasera. Ho una cena a casa di Valeria dove porterò anche Daniela, e sono sereno.

Tristezza.
Velata, mielata tristezza.
Affannosamente si muovono gli occhi e le mani.
Affondano i pensieri nei ricordi,
ed il sogno di essere ancora in vita
affascina i misteri nascosti
nei meandri di una mente che non riesce ad assopirsi.
I lembi della mia vita hanno trascinato con loro
tumulti affettivi di decine di storie diverse,
ma nulla è rimasto nella spina dorsale di un'esistenza
che mi è rimasta come resto a mancia di tutti i miei amori finiti.
E l'essenza di questa mia solitudine
è tutta in questo mio vivermi accanto
come fossi un mio coniuge non voluto,
per potere cercare di salvarmi
dalla mia stessa immagine riflessa nello specchio,
che come in una scatola cinese,
mi proietta in questo destinarmi al rimpianto
per potermi compiangere vivo.
Intorno cambiano i paesaggi e varia l'oggettività
ma non muteranno gli istanti di affabile tristezza
della mia solitudine in mezzo a voi,
che neanche mi rimpiangete come uomo,
ormai del vostro passato.
Per entrambe.

5: CENA E NOTTE

E qualcosa mi doveva ancora sorprendere di te, Valeria, come questa cena a casa tua, che hai voluto solo perché non ti era piaciuto come si era conclusa tra noi, e non volevi conservare nella tua memoria quell'ultima immagine di me. Fiutando il pericolo di un'altra serata insieme a tuo marito, il mio istinto di sopravvivenza mi ha aveva anche fatto rispondere con la scusa di un inesistente impegno con Daniela proprio per questa sera. Ma tu non hai fatto una piega dicendomi di portare anche lei. E anche lei non ha esitato ad accettare quando le ho parlato di quello strano invito che in qualche modo la riguardava. Anche se non credo abbia accettato per me, ma piuttosto, forse, per scroccare una cena. Alla fine, comunque, eccoci qua, questa sera, seduti tutti e quattro allo stesso tavolo, forse per quattro motivi completamente diversi, a gradire la stessa cena preparata da quella donna che tu ipocritamente chiami *tata*, quasi a volere nascondere che sia la tua colf. Che come ti ho più volte rinfacciato resta una sfruttata, alla faccia di ogni rapporto di sorellanza tra donne che tu hai sempre promulgato nella torre d'avorio del tuo *ricco* femminismo.

E la cordialità che viene messa in mostra questa sera è un campionario di ipocrisie borghesi fin troppo evidenti, come quella che fingete tu e Daniela oltre la porta quasi socchiusa della cucina mentre preparate i piatti insieme, proprio come *sorelle*. Ed è tutto da ridere. Siete così lontane tra voi, femministe di due femminismi diversi, *compagne* di ideologie diverse, e anche contrapposte, così borghese una e proletaria l'altra. Così distanti, diverse e irraggiungibili tra voi ora state a combattere con gli stessi piatti, a fingere di confidarvi il vostro modo di essere donne. Ma io sono qui, una vostra contraddizione vivente e in qualche modo ridicola, perché sono quello che rappresenta l'unico punto di contatto tra voi. E trovo appunto ridicolo che due femministe abbiano da spartirsi soltanto un uomo. Ed è ancora più ironico e buffo che questo vostro punto di contatto appartenga al vostro passato, a storie che sono finite. E mi sembra ancora più vuota questa sera, questa cena, quasi come se fosse veramente un rito, quasi fosse l'ultima cena di un povero cristo destinato a essere messo in croce. Mancano solo gli apostoli, che forse però potrebbero anche essere rappresentati dalla presenza di Daniela. Ed è forse questa è l'unica vera funzione che lei possa avere per me a questa tavola. D'altronde è evidente che sicuramente la Maddalena e Giuda siano già rappresentati dai due padroni di casa!

Mi guardo intorno, guardo in faccia queste tre persone sedute con me a questa tavola e cerco di trovare qualcosa da ridere in questa serata così inutile e malsana dove tutti gradatamente si appoggiano sempre di più a una finta malinconia, dove quasi non si possa iniziare un discorso se non con un *"mi ricordo"*. Come è borghese tutto questo! Perché tutte queste vuote e poco sincere malinconie hanno soltanto il senso di non fare pensare, di alleggerire il carico del proprio personale fallimento. Ma a me non è neanche permesso, non posso parlare del passato, perché il mio è fin troppo reale, così sporco di sangue che non può diventare un bell'argomento mentre si cena! Solo il futuro mi viene permesso. Già, ma quale? Nel mio futuro nessuno di voi comparirà più. Neanche tu Valeria o il tuo stupido marito che sul cazzo non mi sta neanche più. Tanto è fatica sprecata. E mi rifiuto di stare a questo gioco della sopravvivenza a tutti i costi, molto meglio lasciarsi morire dentro, anche se dolorosamente.

Ma poi neanche così tanto, perché mentre vi sento parlare, pontificando, di me e di Elisa, e del nostro rapporto folle di coppia aperta, mi accorgo che in realtà non ci sia neanche così tanto da soffrire, come invece mi state dicendo quasi compatendomi, e capisco che non avete capito proprio niente. Anche perché, a dire il vero, neanch'io non ci ho capito più nulla. Ma forse potrei anche sentirmi finalmente libero se oramai sento che non me ne frega più niente, non solo di voi, ma neanche di lei. Tutti questi casini, questo urlare, questo piangere e compiangere, sentirsi morire dal dolore, quanto lo sto trovando falso. Non me ne frega niente se Elisa proprio in questo momento sta scopando con un altro. Più niente, anche se sento uno strano buco nello stomaco. E mi chiedo allora dove sia il senso. Il senso è nell'imbroglio, nello schifo del suo imbroglio inutile. E finalmente guardo le mie mani con i miei occhi, e non più con quella parte della mia mente che scavando sempre a ritroso mi presenta alla memoria soltanto dei volti, o dei seni, o delle sbarre. E che adesso, quasi incredibilmente, non riesce più a trovare traccia di Elisa.

Tutto intorno a me girano le vostre parole su uffici e carceri, mogli e case, amori e tradimenti, ma sono tutte superflue. Perché restano soltanto gli inutili giorni spesi a cercare una storia diversa, finalmente pulita nelle nostre vite. Era questo che volevo quando con te Valeria ci spartivamo l'amore di Elisa, era questo che volevo quando con te Daniela vivevamo nella stessa casa con Elisa. Un'idea nuova del mondo e dei rapporti. Ma era solo un'idea che portata nella realtà ha causato il corto circuito che ci ha travolti tutti quanti. E se svesto i miei amori dell'idea non rimangono che tante squallide infedeltà. E posso anche capire che i tradimenti di Elisa potrebbero essere stati soltanto un equivoco generato dai miei comportamenti infedeli. Ma ancora oggi dove tutto è morto, persino l'idea e l'utopia di nuovi rapporti, io so che sto ancora cercando qualcosa di pulito, qualsiasi esso sia. Ed è questo che voglio. Proprio questo e soltanto questo.

E voi? Voi che ne sapete dell'amore pulito? Vedo Daniela che accavalla le gambe ed è malizia. Vedo il marito di Valeria che guarda le gambe di Daniela ed è malizia. Vedo Valeria che osserva il marito che guarda quelle gambe ed è malizia. Vedo i loro sorrisi verso di me ed è malizia. E vi sento parlare di me. E vi rispondo e le parole mi escono dalla bocca fluide, ancora una volta così false ma così belle da affascinare. E non dico a lui che mi sta sul cazzo, e non dico a Valeria che mi ha deluso o Daniela che mi ha tradito. Ma racconto che è stata solo poesia, libertà, amore. E pazienza se è andata male. E siete contenti, così tanto contenti che io sia tornato normale, misuratamente trasgressivo, cautamente demistificatorio, controllabilmente liberatorio. Una eccezione permessa alla vostra conformità. E mi accorgo come sia semplice imbrogliare chi vuole essere imbrogliato, e così facile per me apparire come gli altri mi vogliono, anche se in realtà non sono mai stato così. E finalmente le nostre menti si confondono con un alcolico dopocena gratificante e rassicurante, con un Simon & Garfunkel che fanno da ovattato sottofondo.

Finalmente ogni difetto svanisce nelle mie mani colme di ricordi. E costruisco il mio automa irreale di donna che ha il volto di Daniela, ma gli occhi di Valeria e il seno di Paola, e ha l'amore di Rita e la sincerità di Sandra. E finalmente questa donna astratta non ha più incomprensioni, rancori e stupidità. E non ha più tradimenti, sporcizia e banalità. E tra le sue gambe rimane solo il calore della prima volta senza perdersi tra rivoli di false lacrime, nell'incomprensione della perversione, nella noia dell'abitudine, nello sconforto del sonno. Quanto sarebbe meglio se l'amore durasse un solo splendido giorno senza dovere continuare a condividere lo schifo delle proprie intimità. Ma alla fine forse sono proprio io che voglio il contrario, forse sto cercando a mia insaputa il possesso definitivo, una collezione variegata di modi e di urla fino alla fine, fino alla vecchiaia dei corpi senza perdere l'entusiasmo delle menti. Ma alla fine mi chiedo che cazzo di *roba* abbiamo fumato stasera per potere essere stato travolto da queste nuove sensazioni!

Ed è tardi e stiamo lì tutti e quattro a tratti sorridendo, a tratti in silenzio. Goffamente. E capisco distintamente quanto possiamo essere lontani io e Valeria. Non ti ho sentita così distante neanche quando ci siamo lasciati, prima della galera, prima di tutto questo marasma della mia vita. E allora mi sembrava, ci sembrava tutto più facile. Più lineare anche se contemporaneamente opprimente. Mi guardavi da dietro gli occhiali da sole, così inutili di sera, se non per cercare di nasconderci dietro il tuo pudore, ma inutilmente. Così bionda, serena e ormai distaccata. No, non era finita. Solo che non poteva continuare. E i tuoi occhi guardavano nei miei per cercare un appiglio a questo discorso apparentemente senza senso. Le tue parole giravano, giravano come api intorno a quella parola che non volevi neanche pronunciare. Gelosia. Stupida, idiota, sterile e borghese gelosia. Umana gelosia. La mia, la tua, quella del tuo futuro marito che avevi visto piangere e spaccarsi le mani dando pugni contro il muro per la disperazione e il dolore. E tu non potevi, non avevi il diritto di farlo soffrire. Ma a me suonava così tutto falso, così ipocrita tutta quella scena.

Però non potevo neanche dirti che per me quel figlio della portiera non ti avrebbe mai lasciato. Né te, né i tuoi soldi, né la tua classe sociale. Un arrivista, certo. Ma non sentivo neanche di dargli torto. Si stava accasando così bene con te! E tu quella sera parlavi, parlavi. Cercavi di spiegarmi come la nostra storia potesse rovinare il tuo futuro matrimonio con lui. Lui, quel marito che stasera sbirciava le gambe di Daniela e che ogni tanto scruta che i miei occhi non abbiano più accesso agli occhi tuoi. Biondo, furbo e ipocrita, e fiero del fatto che tu non possa raggiungermi più. E non so se ha veramente capito fino in fondo che tu l'hai *acquistato* solo per crearti un alibi alla tua fuga, alla tua rinuncia, per diventare la tua scusa, il tuo impedimento, la tua palla al piede anche se dorata. Valeria, sei rimasta dall'altra parte del fosso della nostra classe sociale. Uguale. Borghese e marcia come ti avevo trovato con la tua voglia di saltare il fosso che oramai è rimasta soltanto una voglia inesaudita. Quella voglia che sapevi fosse giusta, irrinunciabile e meravigliosa, ma che non esaudirai mai, abbandonando la tua storia con me proprio dall'altra parte del fosso. Una storia di due anni e mezzo, trascorsi tra pianti, risa, insulti. Con gli scoppi di rabbia, e con la retorica che si sublimava nei nostri momenti migliori. E con la mia perversione di assecondarti nei tuoi momenti borghesi da radical-chic.

Come mi hai convinto Valeria io non lo so, ma mi trovo questa sera al *Folkstudio* con trenta intellettuali snob di sinistra ad ascoltare Pietrangeli. Io lì con te con la rabbia dentro di vedere quel compagno storico cantare filastrocche quasi alla ricerca di rifarsi una verginità da intellettuale borghese. Ma io so che, se saltare il fosso è difficile, tornare indietro è quasi impossibile. E quanto nel suo gioco delle parole chiede anche a me *"una parola, una parola soltanto"* per dare sfoggio della sua abilità a improvvisare mi sembra ovvio, sensazionale e doveroso provocarlo dicendo (chiamarlo) la parola compagno.

«Compagno… originale vero?», mi risponde prima di ridere subito dopo, accompagnato dai trenta cretini accondiscendenti. «Ma chissà come ti è venuto in mente?!», mi sfotte ancora prima di cominciare con il suo gioco idiota. «Compagno… con pugno… con pegno… con impegno…». Poi ad un tratto mi guarda e non ne può fare più a meno. Smette di ridere e dal suo animo profondo scivola fino alle corde della chitarra per intonare un suo pezzo antico.

Mi porti due gazzose. Non bevevo vino
Mi piacerebbe avere anche un panino
Mi presta il suo giornale per un momento?
Ma sei compagno, tu sei compagno!
Compagno sono anch'io
E quello strano sguardo particolare
Per cui ci si conosce senza parlare
Non mi è servito mai come in questo momento
Tu sei compagno, siamo compagni
Vedrai ce la faremo

Un mezzo sorriso, forse un ammiccamento, non so neanche io quello che ci scambiamo, ma ci siamo capiti. E poco importa se uscendo dal Folkstudio lo sento quasi giustificarsi con qualcuno, con una birra in mano, di queste sue *rimembranze*, di questi ritorni a dei *momenti culturali ormai superati nella propria vita*, di quando scriveva *Contessa* e *Mio caro padrone domani ti sparo!* E prendo Valeria per mano e la guardo nei suoi occhi bellissimi e le spiego. «Lui è il nostro punto di contatto, indivisibile e consolidato. Lui cantava queste canzoni e io spaccavo la mia prima vetrina a soli quattordici anni. Sono passati dodici anni. Di rivolta per me e di integrazione per lui, ma anche per te. Ecco, questa è la nostra vera distanza. Cerca di capirmi. Tu te la senti di mischiare il tuo *Quotidiano Donna* con la mia polvere di mina? Beh, io no...». E forse è stato proprio quello il vero momento della nostra fine.

E tutto assume un senso nella vita. Dopo. E tutto si spiega. Ma quando accade, in quel momento non si riesce a capire che cosa cazzo si stia facendo. Solo i furbi e gli ipocriti aggiungono quasi sempre un *"io lo sapevo"*, e forse sono sempre gli stessi che ancora oggi magari dicono *"nella misura in cui"*. Proprio quello che questa sera ancora sta facendo tuo marito. Si sta gonfiando come un pavone nel dire che lui lo sapeva che io sarei finito in galera, che mi sarei lasciato con Valeria, e che il mio terrorismo sarebbe diventato per lei un ricordo lontano. E anche stasera, ma con più calma, da dentro qualcosa mi esce, anche se non so neanche se sto capendo io per primo qualcosa di quello che dico, né so perché stia parlando e per chi, o chi mi voglia ascoltare.

«Infatti, oggi siamo lontani. Non c'è più nessuno che cerca di ricordare, nessuno che chiede ancora. Ma sappi che noi saremo sempre la x, la y, la k e la j, quelle lettere clandestine al tuo alfabeto ma presenti nel tuo linguaggio, che non muoiono, che ogni tanto riaffiorano, spesso con forza e prepotenza. E ci dovrete sempre trascinare con voi e saremo sempre dentro, sopra, intorno a voi e non ve ne accorgerete, non ve ne potrete accorgere. Oggi vi diverte un Capanna che cerca goffamente di acquistare verginità in cambio di un piatto di lenticchie e non vi angoscia per niente un Lama che racconta con autocommiserazione delle SUE provocazioni, perdonandoci anche di AVERCI bastonato. Ma poi neanche così tanto. Perché solo da noi ha ricevuto in cambio sassate in risposta alle cariche del suo servizio d'ordine di partito. Le solite, ignobili bastonate senza senso e senza un perché. In ogni Lama ci sarà sempre un pizzico di squadrismo, un'ombra di Secchia e un quintale di Potere. E non c'è morale né politica in tutto questo, ma solo desolazione. Ma tant'è. Finiremo in un tomo di Storia. Malvisti, mal raccontati e maledetti. Con la colpa. Di tutto. Della crisi, dell'inflazione, della disoccupazione. E il fallimento del compromesso storico, la morte di Moro, il governo Craxi di chi la colpa? Sempre nostra, voi vi credete sempre assolti. E allora perché me ne deve fregare qualcosa dei vostri discorsi, delle vostre lamentele, delle vostre soluzioni geniali? Tanto alla fine sarà sempre colpa mia. E il carcere... quant'è lontano... e quant'è strano, inconsueto e inconcepibile oggi il mio ricordarlo. E se me lo fossi inventato?»

E più tardi mi rispondi tu Valeria, e con dolcezza cerchi di farmi capire che sono andato anche un poco oltre il vostro limite di discrezione, di sopportazione, di comprensione. Oltre la vostra realtà consolidata. E me lo dici dolcemente, come una mamma comprensiva che nulla transige ma che tutto perdona, seduta sul lembo del letto che hai preparato per me e Daniela. Ma a me piuttosto sembri invece una mamma preoccupata e spaventata di fronte alla prima notte di nozze del proprio figlio, che lo farà crescere in modo totale e definitivo. Non dormirai tranquilla stanotte, lo so, lo vedo nel tuo sguardo rassegnato ma sereno. Non dormirai perché vedermi ancora vicino a te, ma con un'altra, ancora ti fa male. Anche senza ragione. Oppure con una ragione che non ti vuoi ammettere, che continuerai a negarti per sempre. E non dormirà bene neanche tuo marito che ho sentito strillare, *«proprio qui doveva venire a scoparsela?»*. Che ipocrita. Probabilmente gli scoccia soltanto di non esserci lui nel letto con Daniela, stanotte. Quella Daniela che ha visto camminare scalza per il suo corridoio con addosso solo il pezzo di sopra del pigiama e che è entrata nella sua cucina e si è alzata in punta di piedi per prendersi un bicchiere, mostrando così di sé molto più del lecito. Daniela che sorride, che si sbroglia i capelli con le mani, che scrolla la testa e beve l'acqua da quel bicchiere come fosse champagne. Daniela che facendo piano, lentamente, senza rumore, quasi dolcemente, chiude la porta e si sdraia sul letto così, di traverso, le gambe a penzoloni, le braccia dietro la testa a sollevare quel pezzo di pigiama e mostrare volutamente il suo intimo pelo rossiccio. Ed è quasi ironico il suo finto pudore nel chiedermi, senza coprirsi, se mi scocci che lei dorma così senza le mutandine. Non riesco a fermare il mio cervello che gira a mille, ma lo devo fare, ne ho bisogno perché c'è qualcosa di storto, di sbagliato in tutto questo. Ho bisogno di uscire da questa stanza e lo faccio dopo avere appoggiato sul letto accanto a lei anche i calzoni del pigiama dicendole che può usarli lei per dormire. Il suo sguardo improvvisamente duro e rancoroso chiarisce quanto "no" significhi per lei quel mio gesto, un no a tutto, ma soprattutto al sesso. Ma non mi interessa. Ho capito che per una che mi aveva già detto che fosse finita la storia tra noi che invece per me non era mai neanche iniziata, quella notte avrebbe rappresentato per lei una sola scopata senza un domani, e mi sono tirato indietro. Perché io non posso essere uno da una *scopata e via*. E questa sensazione me la devo proprio ricordare in futuro, perché mi rendo conto che fino ad oggi ho considerato tante donne in questo modo, sfruttando la mia capacità di manipolare senza fare capire quanto per me fosse soltanto una *sco-*

pata e via. E un poco me ne vergogno.

Trovo al buio della casa di Valeria, così silente la notte, un balconcino dove affacciarmi su questa fresca assurda notte di aprile. E capisco come sia assurda per me, anche se giusta, la mia rinuncia a Daniela. Perché sento che in questo momento il mio desiderio, è sdraiato su quel letto proprio accanto a lei, mentre il mio corpo l'ho portato su un balcone dove non riesco ad accendermi neanche una sigaretta. Ho finito i cerini. E cerco tra le mie tasche forse un accendino, ma senza foga perché in fondo non mi va di fumare, ma mi va soltanto di essere solo con me stesso. Ma evidentemente in questo periodo della mia vita proprio non ho nessuna possibilità di sentirmi in questo modo, perché frugando nei miei jeans mi sono ritrovato tra le mani quel pezzo di carta che pensavo di avere scritto in galera solo in un sogno, o comunque che fosse andato perso per sempre, agendo proprio come non fosse mai esistito senza parlarne mai con nessuno, nemmeno con me stesso. Ma evidentemente è sempre stato rintanato in fondo a una tasca di questi calzoni che effettivamente ho indosso da quando sono uscito dal carcere. Ed è subito dolore. Ma non nel ricordo. È un vero dolore forte che sento adesso dentro di me, come se mi stessi strappando da dentro una parte di me. Perché mi accorgo di rivivere quel momento in ogni sua forma, come se lo stessi vivendo ora.

"26 dicembre, le due di notte, poco dopo Natale. Ho visto il "Settimo Sigillo". Poco o niente. Niente, più che altro. Sono sicuramente solo. Ho solo la sicurezza di me. È triste. Nella mia vita ho fatto tanto. Forse troppo, e non mi è rimasto in mano nulla di resto. È facile ora dirmi ti odio o ti amo con la facilità di un "Buongiorno". Ma è difficile per me recepire tutto, fuori da queste sbarre. Perché è difficile avere sempre l'adrenalina nel cervello, cercando di arrivare prima, un anno prima, un'ora prima, una vita prima. È difficile perché gli sbagli si pagano sempre sulla pelle. Ma quello che è più difficile è pagare sulla propria pelle anche la felicità degli altri, e non è giusto. Vorrei essere libero, libero e solo. Non vorrei più fare del male a nessuno. Ma il mio male ha fatto comunque del bene. Come a Paola che adesso è felice, per lo meno sbloccata dagli schemi della sua

squallida vita precedente. Con me stava sicuramente meglio. Ma stava male. Controsenso? Ma tutto è un controsenso. E forse questo è un controsenso ma anche sicuramente un dato di fatto e anche una brutta abitudine. Adesso tutte mi odiano, ma quello che mi mette più in difficoltà è l'amore incondizionato di Rita. Io pensavo che lei fosse felice e non avesse più bisogno di me. Eppure, ora mi tratta come l'unica cosa importante per lei. Elisa mi dice di troncare. Facile a dirsi. Ma poi, perché? Perché lei non è una compagna blablablà? OK non lo è. Ma per questo non è giusto da parte mia farle del male. Già ho Elisa che ne fa tanto a me. E io mi sento solo, braccato, sorvegliato. Tutto per "merito" suo. Eppure, avevo razionalizzato subito la mia nuova condizione. E già a Regina Coeli alla sua prima visita le avevo detto che non poteva aspettarmi sei anni e che ci dovevamo lasciare subito, così che avremmo sofferto poco e subito, molto di meno di quello che avremmo sofferto se fosse accaduto dopo, perché, se avessi cominciato a basare la mia carcerazione su di lei che mi aspettava, dopo mi sarebbe stato più difficile e doloroso. Era giusto così, com'era giusta l'impostazione che le avevo detto di avere fuori di qui, senza di me. Oggettivamente io rappresentavo il muro che stava impedendo la costruzione della Comune. Levato il muro, risolta la questione. Ed ecco la vostra Comune. Allora, perché farmi soffrire ancora? Elisa sta scoprendo solo ora che non sono indispensabile, né unico, né irripetibile. Perché non accettare di lasciarmi quando glielo ho proposto, invece? Perché giurarmi che mi avrebbe aspettato anche tutta la vita se necessario? Ora percepisco anche da qua dentro che sia alla ricerca di qualcosa o di qualcuno. Ma non può pretendere che io le dia la mia benedizione perché soffrirei troppo a questo punto, dopo essermi costruito tutta la carcerazione sulla certezza della sua presenza nella mia vita. Ma lei è così. Traditrice. Non per colpa sua. È che nel suo mondo borghese da dove proviene è stata educata a non avere empatia. Quindi dimentica facilmente. Il suo amore nasce dalla presenza, l'abitudine, la consuetudine. Ora che non ci sono più da più di tre anni, il suo ricordo di me è diventato facilmente sostituibile con altre realtà. D'altronde in tutta la nostra vita insieme, nei rari momenti in cui ho avuto bisogno di lei, della sua presenza, lei mi ha sempre tradito nei peggiori dei modi. Ho passato un Natale terribile, ma non per la galera. Però io appena sono uscito dal colloquio con lei, dopo averle detto di quanto male posso stare per causa sua, ho cercato disperatamente di tornare indietro da quel-

le nostre parole e di farle passare un Natale tranquillo, almeno a lei. Le ho spedito immediatamente un telegramma spendendo gli ultimi miei soldi sullo statino che lei ha dimenticato anche di ricaricare. Ma lei no. Lei ha girato le spalle in lacrime. Piange sempre, ma per lei le lacrime così consuete non hanno significato mai niente. Ha girato le spalle e forse girato anche pagina. Una pagina di undici anni. Nei quali è successo di tutto. Undici anni meravigliosi. Anche per merito mio. Dovrei dire soprattutto e non anche, ma mi trovo ad aspettare sperando che quel soprattutto alla fine ce lo metta proprio lei, che invece, lo so, ci metterà un nonostante. Nonostante me. Ora è diventato tutto così vago, inconsistente, perdente. Lei ha negato il suo tradimento. Ma io lo sento così vero dai suoi stessi occhi. E non ho la forza di razionalizzare. Vorrei sbagliare perché da ciò che pare cenere potrebbe rinascere di nuovo la meraviglia della nostra vita. È sempre stato così. Dalla nostra cenere è rinato sempre un futuro migliore. Ma ho sempre avuto il terrore che un giorno mi sarei trovato davanti della cenere che sembra cenere ed invece non è altro che... cenere. L'ultima cenere in cui finire anch'io in cenere"

Cenere, che questa sigaretta che mi è rimasta in bocca spenta non diventerà mai, almeno non per stasera. Avevo ragione su Daniela. Che c'entra lei? Niente. Come io non c'entro niente con lei, con lei che non le interessa neanche sapere che cosa ci sia ora dentro di me, che non le interessa se mentre faccio l'amore con lei io possa pensare ancora a Elisa. Ed ecco dov'è l'errore. Quella nota fasulla che ho percepito davanti al pelo rossiccio di Daniela. Se non sai chi sono, cosa sento, chi amo, non ha senso. E torno nel letto e mi sdraio accanto a lei, al posto del mio desiderio ormai svanito. Hai preso il "no" dei calzoni del pigiama e te lo sei infilato e ora dormi. O fingi. Perché neanche tu dormirai bene questa notte. Ma il colmo è che neanche io riesco a prendere sonno. Perché il buio, i ricordi, i tuoi capelli così vicini, mi fanno scoprire che mi riduco sempre a desiderare una donna. Anche se non bella, non intelligente, non viva. Basta che sia con le gambe larghe ben disposte alla mia foga, che forse nemmeno la sfiorerebbe. E scopro il senso del sesso.

Ci vorrebbe, basterebbe, un poco di realtà per capirlo.
E la tristezza e la solitudine si intersecano ai rancori,
forse i rimpianti degli innumerevoli ricordi.
E solo il sonno può salvarmi
con i suoi sogni ben disposti ad aggiustare
quello che la realtà invece mi ha sputato in faccia.
Sarebbe sano anche il non risvegliarsi più.
Meglio però travisare tutto e accoccolarsi nel guscio di rabbia
per scacciare la crisi dei momenti di senso di morte.
E nel sonno (o nella realtà)
finalmente posso allungare la mia mano e trovarti.
E nella notte,
in un letto (o solo nella mia mente)
fare l'amore con te (come) in un sogno.

6: GIORNO ULTIMO

«Quasi non ti aspettavo più», dice Elisa.

«Perché? Mi hai mai aspettato? Non me ne sono accorto!», rispondo sarcastico. E come inizio di giornata tra noi non c'è male.

Daniela scende dalla mia auto quasi clandestinamente e lei la vede e non ne è contenta. «Sei sempre il solito porco!»

«Cerco di adeguarmi a te», le rispondo. Mentre lei sale sulla mia auto vedo con la coda dell'occhio Daniela discutere con il proprio ragazzo. Neanche lui è molto contento. E con lui ed Elisa, con Valeria e il marito, conto sei persone che ricorderanno con tristezza, rabbia e nausea questa notte, me compreso. Metto in moto ed è strano perché mi rendo conto che è la prima volta che resto da solo con mia moglie da quando sono uscito di galera.

Lei fa passare qualche minuto poi chiede molto brutalmente. «Allora, che cazzo volevi da me?»

«Io voglio solo un piacere, ma mi avevi detto che anche tu volevi parlarmi»

«Veramente sì, ma forse farei meglio a non dirti nulla…»

«Vuoi scendere?», le chiedo interrompendola.

«Non fare lo stronzo. Non so nemmeno io perché sto qui ad avvertirti. Meriteresti sul serio che ti spaccassero il culo!»

«Vedo che hai raffinato il tuo linguaggio», la sfotto leggermente.

Lei si altera alquanto chiedendomi in modo diretto. «Ma come cazzo ti permetti di dire ai compagni che ti scopi Paola come e quando ti pare?»

A momenti sbando. «E tu mi volevi parlare per dirmi queste cazzate?! Io sto quasi impazzendo e tu…». Poi le chiedo. «Ma chi ti ha detto 'sta stronzata?»

«A me? Me l'ha detto Paola infuriata aggiungendo che col suo ragazzo hanno deciso di fartela pagare cara! Io ti sto solo avvertendo»

«E a Paola chi glielo avrebbe detto?»

«Il suo ragazzo… non hai parlato con lui?»

«Scusa, ma possibile che sei sempre così imbecille? Se avessi detto veramente una cosa del genere al ragazzo di Paola, che senso avrebbe che lui dica in giro frasi tipo *"se lo becco"*? Se glielo avessi detto vorrebbe dire che gli stavo proprio di fronte e poteva reagire subito… se ne aveva le palle… la verità è che ne state raccontando tante su di me in questo periodo, che ogni cazzata vi pare credibile. E lo state facendo solo per distruggermi, per screditarmi completamente. E probabilmente sono solo i vecchi rancori politici e personali che si stanno scatenando contro di me perché mi vedete indifeso, più vulnerabile. Il ragionamento è semplice. È appena uscito di galera e ha mollato casa e moglie. Ha *sbroccato*. Allora diamogli addosso, diciamo che è stronzo, bastardo…»

«Beh, tu come lo definisci uno che vuole violentare la ragazza di Andrea per vendicarsi di me e di lui… una compagna… non è un bastardo?»

«Ma cos'è? L'edizione del mattino di *Serva Sera*? Ma, a parte… che significa *una compagna*? Perché, se non lo era, la potevo violentare? E poi, ho solo detto ad Andrea che mi sarebbe piaciuto metterla incinta per restituirgli un ricordino di me». Lei si gira verso di me per urlare, ma io l'anticipo. «Sì, ma l'ho detto solo come un desiderio, che c'è di male?»

«Ma se neanche la conosci?»

«Fa niente… anche se è brutta mi sacrifico!»

Resta un poco spaesata. «Ma allora è vero…»

Quasi quasi mi sto divertendo perché lei proprio non capisce la differenza tra una provocazione e la realtà. «Che io vorrei vendicarmi di Andrea? Certo che è vero! Lui continua a scoparti, permetti che un pochino incazzato con lui possa esserlo? Comunque, era solo un'idea così… la devo perfezionare, perché ucciderlo mi sembrava poco originale. Che ne pensi se invece lo castro?»

Finalmente capisce il tono di quello che sto dicendo e scuote la testa nient'affatto divertita. «Ma lo sai che sei un gran cornuto?»

«Ah, ah! Questo, detto da te, non è molto spiritoso. E poi se facciamo le conta delle corna tra tutti e due non so chi vinca!», rispondo un poco sprezzante.

«È proprio inutile parlare con te...»

«Perché, stavamo forse parlando? Stavamo parlando di me, di te, di noi?». E anche se non avrei mai voluto essere triste, d'un tratto lo divento. «Stavamo parlando per caso di nostra figlia che ha solo sette anni e del fatto che ha dovuto dirmelo lei che tu andavi a letto con un altro di nascosto da me, perché né tu, né lui... *il compagno*... né nessun altro, ha avuto il coraggio di venirmelo a dire in faccia»

«Ecco chi è stato! 'sta figlia di una...», esclama con rabbia.

«Perché ti sei interrotta? Stavi andando così bene! Sì, è proprio letteralmente una figlia di una mignotta! O bocchinara, cosa preferisci?»

E lei reagisce con cattiveria, con disprezzo, per ferirmi. «Sì! Bocchinara! Vuoi sapere se gliel'ho preso in bocca? Sì, e mi è piaciuto, come è piaciuto a lui!»

Beh, che credeva? Di ferirmi, di farmi del male? Che ridere! Perché ci è proprio riuscita. Questa volta non è la mia auto ma è il mio stomaco a sbandare, come colpito da un pugno. Respiro molto profondamente. È un trucco che ho imparato per resistere, per non reagire contro i fantasmi perché sarebbe una lotta impari. Ho avuto quasi quattro anni per imparare a non impazzire anche quando ho desiderato la pazzia per riuscire ad andare oltre la spessa coltre dell'intelligenza, così noiosa e ingombrante, che rinchiude in una razionalizzazione grigia tutto quello che mi circonda. Volere essere pazzo per non dover più ragionare di sesso, rivoluzione o prosopopea. Pazzia. Disarticolata schizofrenia contrapposta alla razionalizzazione eterea della parola. E alla ricerca di una estrema difesa da lei, scivolo ancora con la mia mente dentro la prigione, e ritrovo quella facilità nel lasciarsi andare come in una piuma in caduta libera adagiando la vita sul cuscino insieme con la testa. E mi risento quasi al sicuro, come un pulcino al caldo della sua chioccia.

Non aprite. Non aprite più la porta di questa cella. Non l'aprite mai più. Caldo. Il caldo è una delle poche belle sensazioni che mi sono permesse. Quando però è possibile. Datemi una coperta. Lo so che ne ho già una. Lo so che non ne ho diritto. Avete ragione, ma a me serve solo una coperta. E alla fine il secondino me la dà. *«Grazie»*, devo dirgli mentre mi cresce da dentro la rabbia di doverti anche ringraziare, stupido stronzo fascista. E ti piace, carogna, ti piace che ti si chiami *"superiore"*. Ma di che? Di chi? Io ho tenuto tra le mani il potere e tu non lo sai, voi non lo sapete e forse nessuno, oltre a me, lo saprà mai. Non sapete chi sono, cosa ho fatto, cosa sono in grado ancora di farvi. Eppure, te ne stai lì, divertito a vedermi schiattare di freddo, con il gusto e la perversione di chi non ha null'altro nella vita. E quando vi colpirò, ti colpirò, non saprete perché, per chi, per cosa sarete morti. Stupidi poster pubblicitari di una società fascista...

...caldo. È invece troppo caldo stasera quando qualcuno sta preparando una canna mentre stiamo in guardia che non venga il secondino. E una cassetta suona una musica alienante e calda. Non abbiamo nessun'altra cosa da pensare nella noia di questa cella, se non a questo, e la mia fantasia vola via accompagnata da quella musica, fuori da queste sbarre. Questi pezzi di ferro insignificanti che usate per dividere da voi chi non vi assomiglia. Un'altra canna, un'altra pillola. Tutto. In galera si deve mischiare tutto, tutto quello che può alienare questa realtà incatenata. Come è anche mischiata la nostra realtà con i nostri incubi. E allora sconvolgo la realtà in un sogno sempre di più fino a non potere più scindere uno dall'altra. Il sogno della realtà diventa parte attiva di un sogno che potrebbe essere realtà, oppure di una realtà che è solo un sogno. Ed è la pazzia, ma non mi interessa. La pazzia, finalmente. Ed è giusto così. Voi siete riusciti a imprigionare il mio corpo, ma la mia anima mischiata a una mente gonfia di fantasia, vi è scivolata via tra le dita, senza neanche che ne abbiate avuto il sospetto. E io non sono più qui. Sono con i miei compagni in birreria. Sono tra le migliaia di compagni che urlano in corteo. Sono nel letto di Daniela. Sono al volante della mia 500, inseguito da Polizia e Carabinieri, mentre intorno a me migliaia di esplosioni fanno da ala al mio andare. Caserme, commissariati, galere esplodono distrutte per sempre. Ed Elisa mi abbraccia forte e mi riscalda con il suo corpo, ubriaca come me di felicità…

…ma mi ritorna il freddo. Il caldo non mi è permesso. Neanche due coperte bastano come neanche due canne. È freddo e la porta della cella si apre. La porta della cella si apre e fugge ogni mia pazzia, come se avesse paura di essere scoperta, riconosciuta. Il secondino mi sollecita. «Andiamo… Parlatorio… tua moglie». E quando arrivo lei sta già guardando l'orologio. Forse avrà paura di fare tardi con l'altro. Sa che tutti i compagni mi hanno abbandonato e di sicuro lei non può perdere molto tempo con uno che non conta più niente. Mia figlia non c'è e lei mi dice che doveva andare in piscina, perché che diamine, la vita deve continuare pure per lei. Frasi false, senza senso. Schifose frasi vuote. Ci guardiamo ma abbiamo poco da dirci. O forse no, perché io vorrei chiederle che sapore abbia lo sperma di Andrea, ma so già che negherebbe incazzata dicendo che è solo un amico, un bravo compagno. Bravo? Forse solo a letto. Lo nega, mi si nega, ma io conosco quello sguardo. Ma chi ha fatto entrare qua dentro la realtà? Chi l'ha chiesta? Fortunatamente è tornata da dove è venuta, via con lei dopo un'ora scarsa. Elisa mi ha detto che mi ha portato un *pacco*. E quando lo apro mi accorgo che mi ha portato frutta sfatta, di seconda scelta. Sarà sempre meglio del vitto del carcere, no? Di che cosa mi lamento? Mi ha riportato quei calzoni che gli avevo dato quindici giorni fa per essere aggiustati, ma sono ancora rotti. Un'ulteriore prova che lei non pensa a me neanche in queste piccole cose. Dovrebbe crollarmi il mondo. Eppure, no. Non crolla. La vita si sarà pure fermata, ma la galera no, la galera continua imperterrita. Cammino trecentoventisette volte avanti e indietro nella mia cella, fino a sentirmi esausto, dopo avere scaricato a terra, sotto i miei piedi, la mia realtà. E dopo posso finalmente andare a dormire con i miei sogni che mi fanno evadere. E io non sono più qui ma con i miei compagni in birreria. Non aprite più quella porta della mia cella. Potrebbe fuggire via definitivamente dal mio corpo la mia mente impazzita così follemente innamorata della propria pazzia.

È il rosso della spia della benzina che mi riporta alla realtà di questa 500 con accanto mia moglie. Mi fermo a un distributore e il benzinaio si dà da fare come un matto. Mi ha chiesto se desidero il pieno, ma caro amico, a me servirebbe piuttosto il pieno di voglia di vivere. Sì, so anche che tra le cose scariche della mia vita, c'è anche la batteria della mia auto. Devo partire a spinta tutte le mattine, ma questo è niente, sapessi che fatica faccio ad alzarmi dal letto e fare partire il mio giorno. Elisa mi sta parlando di Andrea, ma non me ne frega proprio niente di come ci vada d'accordo, di come non ci abbia mai litigato. Anzi, ormai, non me ne frega più niente neanche che lei ci vada a letto. Siamo agli sgoccioli, in liquidazione, e lo sa anche lei. E gradatamente si gonfia il suo tono di sfida nei miei confronti. Scendiamo dall'auto e seduti su una panchina, da soli, finalmente ci guardiamo. In faccia, sul futuro, sul passato, fino a vederci dentro di noi. Che strano, ci ricordiamo che abbiamo una casa, una figlia, dei parenti, degli amici, da spartirci, anche se in definitiva non abbiamo nessun altro posto per rimanere da soli che questa panchina.

«Perché sei andato a letto con Daniela?»

«Non ci sono stato… oppure sì… ma che ti importa?»

«Nulla…»

«Mi sento un poco stanco di tutto questo. Tu no?», le chiedo.

«Un poco. Ma non di stare con Andrea!», mi sfida ancora lei.

Sbuffo. «Eh, piantala! Che cosa vuoi dimostrare? Di essere forte? Beh, concesso, lo sei. È facile così, sulla pelle degli altri. E poi lo sai? Non me ne frega niente di te e di lui, come rapporto, come storia, non me ne frega niente… ormai non più… perché ormai tra noi…»

«Tra noi? Non c'è più nulla!»

«Ma brava! Come sei sicura di te. Senza parlare, senza lasciarci, senza vederci mai una volta da soli, hai già fatto tutto, già deciso tutto…»

«Non vorrai per caso rimetterti con me? Perché io… manco morta…»

«Ma no! Che c'entra? Ma lo trovo così ridicolo. Io sto cercando un modo per finire la nostra storia senza farci troppo male e tu, invece, sei già al capitolo successivo, all'impossibilità di tornare insieme. Ma almeno, dopo undici anni non abbiamo il diritto a un modo decente di lasciarci?».

Tra di noi ci sono distanze incalcolabili, ma almeno, gradatamente cominciamo a cercare di scrostare un poco la ruggine, di rimettere in moto dei meccanismi sopiti, ritrovando qualche parola, qualche discorso comune. Qualche ricordo, qualche rigurgito di rabbia, qualche rancore male assorbito. E incredibilmente troviamo anche il modo di riderci su. E sei forse più divertita che sorpresa quando chiedi. «Ma davvero mi vorresti dire che tu hai scopato con Valeria nello stesso letto, con me che stavo dormendo, e io non mi sono accorta di nulla?»

«Beh, messa così sembra un po' squallido…»

«Ah, perché come dovrebbe essere messa invece?»

«Beh, sì lo ammetto. È squallido!»

Ridiamo insieme per un attimo, poi Elisa si fa seria e mi domanda. «E perché non hai accettato anche tu un altro mio rapporto? Perché, se io ho capito quello con Valeria tu non hai accettato quello mio con Andrea?»

«Perché tu lo hai saputo prima che succedesse e non ti sei opposta, mentre a me non è stata data nessuna possibilità. Non ho avuto scelta»

«Secondo me sono solo scuse…»

«Forse… ma è pur sempre la verità…»

E finalmente ci sembra naturale, più tardi, camminare insieme a fianco dei nostri ricordi, sottobraccio con il nostro passato, che però sembra così infinitamente lontano. «Sembriamo due vecchi, non trovi?», rifletto.

«Vecchio sarai tu! Hai già i capelli bianchi!»

«Qualcuno… e poi, mi rendono più interessante. Io piaccio ancora!»

«Lo so. Ma non ti sei scocciato? Non sei stanco?»

«Ehi, questo l'ho chiesto io, due ore fa. Che facciamo, ricominciamo?»

E poi anche questo ridere, ricordare, scherzare tra noi comincia a suonare falso. Come del resto forse lo è. Ti appoggi a un'auto e mi scruti prima di dirmi con serenità agghiacciante. «È finita. Lo sai anche tu che è finita?»

«Lo so. Ora lo so con certezza che è finita perché tu me lo dice senza sfidarmi, senza rancore, ma solo come constatazione. E non c'è nulla da rispondere o da discutere. Lo sai? In carcere ho sognato tante volte che, quando sarei uscito, sarei partito insieme a te, da soli. La sera stessa partire direttamente dal carcere per andarcene lontano…»

«Perché non l'hai fatto? Perché? Non saremo qua adesso…»

«Ma ne sei sicura?», le chiedo senza crederci un granché.

«No, ma non sarebbero successe tante cose dopo. Troppe. Adesso io ho paura di te. Ho visto il tuo sguardo in questi giorni. È cattivo, acido. E so che, se tornassimo insieme, tu me la faresti pagare… no, questi giorni hanno definitivamente rotto quello che c'era tra di noi, e io non voglio che si riaggiusti nulla, perché ho paura delle tue vendette cattive e atroci»

«E se ti dicessi che non ho nessuna intenzione di vendicarmi? Che ho solo intenzione di ricominciare da capo, da zero, mi crederesti?»

«No»

«E faresti anche bene. Ma tu lo sai che cosa stai perdendo con me?»

«Certo. Pianti, litigi, urla, stare male, scannarsi… questo…»

«Soltanto questo?»

«Sì, solo questo. Se c'è stato qualcosa di buono ormai si è perso in tutto questo stare male, che non voglio proprio più rivivere»

«Non è stato solo questo. Forse non te lo ricordi più o forse fai solo finta di non ricordartelo… io lo so, tu lo sai… ma a questo punto ti auguro con tutto il cuore di renderti conto dell'errore che stai facendo solo quando sarà troppo tardi per potere tornare indietro», dico con uno sguardo freddo e forse cattivo.

«Questa è peggio di una maledizione. Come sei cattivo... ma stavolta non funziona. Sono immune ormai, so quello che faccio e perché»

E la guardo con gli occhi di quella nostra felicità che lei oggi nega, ma che resterà per sempre indelebile nelle nostre vite. Di fianco a me, in corteo, l'ultimo corteo con lei. Elisa mi sorrideva e non mi staccava gli occhi di dosso quel Primo Maggio, nostra figlia Valentina era là davanti a noi che correva felice, scherzava con tutti i compagni e si divertiva tantissimo. Era anche lei felice come noi. Anche per lei e i suoi quattro anni era realmente un giorno di festa. E mentre mia moglie mi sorrideva con gli occhi, un compagno passandoci vicino ci ha detto, senza mascherare la sua invidia, che avrebbe voluto anche lui una famiglia bella come la nostra. E quando mi sono caricato sulle spalle Valentina ormai esausta, mi sono sentito felice, soddisfatto, persino bello. E così, mentre camminavo in mezzo al corteo, forse senza neanche rendermene conto, non facevo altro che ridere con mia figlia. E anche quando capitava di trovarci un poco distanti io sentivo comunque la presenza di Elisa, perché anche sottobraccio a qualsiasi altro compagno o compagna, sentivo di avere sempre i suoi occhi come spalmati addosso, su tutto il mio corpo. Qualche slogan urlato, qualche fotografia scattata, poi improvvisamente mi sono sentito sussurrare in un orecchio dalle sua labbra un dolcissimo e furtivo *ti amo* e ho sentito irrefrenabile la necessità di doverla assolutamente baciare. I compagni ci hanno sfottuto ma era in fondo una dolce ironia che consacrava quello che eravamo. Ma in quel momento, ancora non sapevo che pochi giorni dopo sarebbe finita una mia vita e ne sarebbe cominciata un'altra totalmente diversa. E i suoi occhi ogni Primo Maggio sarebbero per sempre stati per un altro, e il suo corpo non sarebbe più stato per me ma avrebbe saputo cosa cercare nel corpo di un altro. E la guardo oggi così strafottente nel dire che il suo io, non più *svenduto e sporcato* da me, sarà finalmente sé stesso. Svenduto e sporcato da un altro, aggiungo io mentre mi impongo di smettere di pensare a quel nostro ultimo corteo insieme. Pensandoci adesso mi sembra di essere un morto, abbattuto come un cane rabbioso. E so, non so perché lo so, ma sono sicuro che stranamente per me, seppure ormai un'altra persona, a maggio non ci saranno più feste.

«Ho fame», mi dice in modo molto prosaico, scuotendomi e riportandomi alla realtà, e togliendomi il sorriso del mio ricordo di lei.

«Hai fame? Giusto… la vita continua…», rispondo risvegliandomi dal pensiero del mio passato. Quindi aggiungo quasi rabbioso. «Che palle 'sta vita che continua sempre! Non c'è modo di fermarla 'sta maledetta?»

«Ammazzati», mi risponde lei tra il serio e il faceto.

«Carina! Bei consigli che mi dai! Ti piacerebbe, eh? Ma proprio cinque minuti fa ho deciso di vivere… e ho fame anch'io»

E così mi capita di mangiare con Elisa, fingendo di essermi dimenticato di Sandra, che sicuramente mi starà aspettando, perché le avevo promesso che avremmo pranzato insieme. Pazienza. Ma il fatto è che non riesco a staccarmi da Elisa perché a tratti, durante questa giornata, mi è sembrato persino di rivederla com'era una volta, dolce, infantile e sempre accanto a me. Ma mi devo rendere conto che è quasi una allucinazione. *«È la fine… è la fine…»*, mi ripeto dentro di me, forse per riuscire a capirlo veramente. E non mi è facile. Tra di noi è iniziata così tanto tempo fa, che mi sembra di non avere mai vissuto senza di lei. Siamo praticamente cresciuti insieme. Io avevo soli diciassette anni quando tutto è iniziato. Lei aveva i capelli lunghi, era del PCI… quattordici anni… cazzo, lei aveva solo quattordici anni! Anch'io avevo i capelli lunghi fino alle spalle e a ripensarci bene adesso dovevo essere proprio buffo! Ma non me ne curavo, avevo ben altro per la testa in quella mia vita che stavo vivendo come un pazzo, come se non ci fosse un domani. E le ragazze *perbene* come lei, mi venivano dietro, vedendomi come un off-limits, come il peccato, la trasgressione. Tutte bambinate ripensandoci oggi, perché scoparsene qualcuna era proprio una faticaccia! Ed era il sessantotto! Oggi lo raccontano come fosse l'anno dell'emancipazione sessuale, dell'amore libero. Ma quando mai?! Ma dove?! Forse all'Università, ma sicuramente non per me perché lì venivo considerato come un *enfant terrible*, però sempre un "enfant" e quindi trattato quasi come una mascotte. Era invece a scuola, all'istituto tecnico che mi facevano sentire importante. Come nel quartiere, con la mia comitiva. Ero amato o odiato, ma a nessuno indifferente. Ero sempre al centro dell'attenzione di tutti. Sempre. Da sempre, ed evidentemente per sempre, perché lo sono ancora oggi. Purtroppo. Perché oggi che ho proprio la necessità di farmi un poco di cazzi miei, magari con Elisa, vorrei essere indifferente a tutti. E invece no. Anche Federico che mi ha detto che sono uno stronzo perché il giorno che siamo usciti di galera ho mandato a fanculo mia moglie. Beh, devo ammettere che pretendere di farmi fare un bocchino da lei a pagamento, sia stato un poco eccessivo, ma era quello il disprezzo che provavo in quel momento per lei. E poi, proprio Federico sarebbe meglio che tacesse. Se Francesca, la sua ragazza, ha abortito tre volte proprio mentre lui era in galera con me, forse un problema lo ha pure lui! Ma lo conosco, a lui non importa. È proprio un caso disperato. Povero *grande* Federico. Avrebbe il coraggio di accendere una miccia sotto il culo di chiunque, ma di fronte a Francesca è come se morisse, finisse come persona, diventando uno straccio che lei può utilizzare come meglio crede. Mi ha confidato che non riesce a rimproverarle nulla perché ha paura che altrimenti lei lo lasci. E mi ha anche quasi minacciato, dicendomi che non esisto più nella sua vita perché davanti a tutti i compagni ho chiamato troie Elisa e Francesca. *«Assurdo, incredibile, pazzesco»*, mi è venuto da pensare. Ma è così. E poi vengono a dirmi che il *personale* non sia *politico*! Cinque anni. Per cinque anni io e Federico abbiamo diviso tutto. Soprattutto la vita. Non so più neanche quante volte io ho avuto in mano la sua e lui la mia, perché un errore, un poco di paura, una distrazione, un nonnulla sarebbe bastato per farci morire. Ma io sapevo di potermi fidare, così lui di me. Non mi avrebbe mai tradito, neanche sotto tortura. Eppure, è bastato toccargli *la sua* Francesca per fargli dimenticare e tradire la nostra amicizia. È il male più atroce che poteva farmi, ma non darò neanche a lui la soddisfazione della mia sofferenza. Neanche per un attimo. Un attimo che può essere lungo anche un'eternità, quell'eternità che mi capita per la millesima volta di rivivere nella mia memoria, rallentato, come in un replay.

Un'auto verde che si sta fermando. Intravedo una pistola in mano a quello seduto vicino all'autista. Sono in tre a bordo e non serve neanche molta esperienza per capire che siano della *speciale*. Federico che non guardava la strada ha un sussulto appena lo tocco, e capisce al volo. Potrebbe ancora scappare, ma non lo fa. Sono io che lo lascio indietro mentre urlo ai compagni la fuga. E allora sono io che non posso più scappare perché prendono subito me, non appena ho strillato e i compagni sono tutti scappati. Ma Federico torna indietro. Mi guarda mentre sono a terra senza sapere neanche lui cosa voglia fare, ma non riesce ad abbandonarmi. E così si fa prendere anche lui. Dopo, a Regina Coeli mi sorride, lo *stronzo*. Stiamo aspettando che ci portino in cella e lui mi sorride. «Siamo riusciti ad arrivare insieme anche qui, eh?»

«Imbecille! E non farmi ridere che ho un labbro spaccato!», gli dico.

«Senti… ma ce l'hanno fatto salire lo scalino?»

«Ma quale scalino?»

«Quello che *chi non salisce quello non è romano*!», mi dice citando.

«Giusto!», gli rispondo divertito nonostante la situazione. «Se non mi fanno salire quello scalino io non ci vado in cella! E no! Proprio no!»

Federico si alza e con decisione va allo spioncino e grida. «Ehi! Guardia! Guarda che, se non mi fai salire lo *scalino dentro Regina Coeli,* io me ne vado a casa!»

Il secondino apre lo spioncino e lo squadra per un attimo, mostrando un ghigno ferocemente beffardo. Poi gli raspa sul viso. «Che bella faccia da figlio di una mignotta che hai. Dove batte tua madre?». Quindi aggiunge fortemente minaccioso. «Siediti e sta zitto altrimenti il gusto di romperti qualche osso me lo tolgo subito!»

Federico si risiede. Io lo guardo e gli dico. «Scadente il servizio in questo albergo, non trovi?»

«Alquanto…». Poi riferendosi al secondino aggiunge volutamente ad alta voce, per farsi sentire da lui. «Ma dove cazzo credi di essere? A *Singsing*?»

Si sente la guardia che torna verso di noi con rabbia, ma quando apre lo spioncino è un coatto appena arrestato, che aspetta anche lui dentro la cella insieme a noi, che lo avverte. «Ma che *voi fa'*? *Nun ce lo vedi che so politici? Lassa sta che è mejo! Mejo pe' te*, dico!»

Il secondino se ne va con *la coda tra le gambe* e mi viene da pensare. *«Incredibile! Facciamo ancora paura a qualcuno!»*

La mattina successiva Federico riesce a sfuggire per un attimo alle guardie che lo stanno portando all'ora d'aria, per affacciarsi per qualche secondo allo spioncino della mia cella di isolamento in cui mi hanno portato separandomi da lui, solo per chiedermi. «Ehi! Come va?»

«Come vuoi che vada? Sono a pezzi, non riesco più a camminare, ho anche i reni bloccati. Tutte quelle botte della Polizia che a caldo neanche sentivo, stanno uscendo tutte fuori e mi massacrano…»

«Coraggio, resisti!», riesce a dirmi a malapena prima che lo trascinino via.

Certo che resisto. Ho altra scelta, forse? Federico, che scemo che sei stato a tornare indietro, il carcere è proprio una cosa schifosa. Che senso ha il vantarsi di essere arrivati insieme fino in fondo, se il fondo è questa cella sporca e nauseabonda? Che stronzata hai fatto, mio caro, fedele, Federico.

E più che la rabbia, sento il dolore di allora che ancora mi opprime e che mi fa fuggire da questi ricordi (così dolci, così tristi) e ritorno alla mia realtà. La realtà di questa donna accanto a me che io stento a riconoscere. E mi viene da chiedermi cosa realmente mi sia rimasto di mia moglie, dei miei compagni, della mia stessa vita. Forse neanche la *politica* mi è rimasta. «Stasera c'è una riunione dei comitati. L'ho convocata io… e tu non devi venire», le dico senza frapporre tanti preamboli.

«E perché? Che c'entra la politica con noi?»

C'entra, c'entra, ma non glielo dico, perché tanto lei non capirebbe. «Appunto. Per questa ragione. Rischiamo, in mezzo agli altri compagni, di non parlare di politica, ma solo di noi… e andrebbe tutto a puttane»

«Sì… forse hai ragione»

«Bene. Allora ci salutiamo qui»

«Perché non ci vediamo dopo la riunione?», mi chiede sorprendendomi.

«*Magari*», mi viene da pensare ma non glielo dico, e mi esce da chiederle uno stentato. «Perché dovremmo?»

«Solo a scopo politico. Voglio sapere cosa succede anche se non sono presente»

«Fattelo raccontare da Andrea...»

«Lui non c'è. È fuori Roma stasera...»

«Allora da Vittorio, Roberto, Francesca... non hai un compagno migliore di me che ti possa tenere al corrente?»

Elisa resta un poco in silenzio prima di rispondermi, quasi si stesse vergognando di quello che intendeva dirmi, ma alla fine si decide. «Non è vero che Andrea non ci sia. Anzi, ho anche un appuntamento con lui... ma stasera voglio vedere te... non voglio vedere nessun altro stasera»

Sono sconcertato. «Ma perché?»

«Non c'è un perché. È così e basta. Vuoi?»

Non oso chiederle più nulla. Voglio? Voglio? Cazzo, è la cosa che desidero di più, ma non devo farglielo capire, e quindi annuisco soltanto, frettolosamente, prima di farla scendere dalla mia auto. Devo andare. Devo rincorrere quel mio appuntamento con la mia storia, con quindici anni della mia vita con lo stesso spirito che ho rincorso lei per tutto il giorno.

Piano piano, lentamente mi scivola tutto via dalla testa,
fino dentro i nervi.
E alla fine capisco che quello che ho non sia la speranza,
ma solo disperazione.
E ho tanta voglia di fuggire da qui e da ogni luogo,
ho voglia di fuggire da quello
che rappresenta la storia della mia vita.

Ma la storia non si evita con una esitazione,
il destino non si aggira con una scusa.
E mi succede anche l'impossibile,
come a dirmi che non posso scappare...
trovo immediatamente un parcheggio
dove non l'ho mai trovato in vita mia.

7: LA RIUNIONE

Una piazzetta. Un bar. Un cortile rumoroso con le moto ferme in gruppo. La nostra sede politica. E il posto per le nostre riunioni è poco più di una cantina. A terra, carta stracciata forse mai raccolta da nessuno. Un tavolino e delle sedie rubati a qualche bar. Un paio di panche fatte con mattoni e palanche. Le sette e mezza della sera e non c'è ancora nessuno. Sento del rumore nella stanzetta accanto, entro e ci sono due che stanno scopando, in piedi, contro il muro, ed è lei che mi ferma dal mio fuggire imbarazzato. «C'è una riunione? Andiamo via subito… solo un attimo…»

Esco. Fate pure con calma, non vedo ancora nessuno arrivare. Un poco più lontano intravedo Vincenzo, l'acclamato *grande capo* che sul marciapiede opposto sta passeggiando pontificando con dei compagni studenti medi. Mi fa un cenno di saluto con la mano. Che calore, dopo quasi quattro anni che non mi vede! Arriva un motorino *Ciao!* barcollante per il peso delle due persone che trasporta, che frena di colpo, scarta, facendo scendere una persona al volo che a momenti si ammazza. È Clara che mi viene incontro correndo e mi abbraccia, anche troppo, e rifletto che solo lei poteva combinare un tale casino! «Porca puttana come sono contenta! Dove sei stato tutto 'sto tempo dopo che sei uscito, disgraziato! Non ti sei fatto più vedere!», e mi prende sottobraccio e mi porta quasi a forza con sé, e non è che non ne sarebbe capace così *piazzata* come è! Con la coda dell'occhio vedo anche Roberto e mi chiedo come cazzo facciano a stare insieme questi due. Tanto è falso e intrigante lui tanto è gioiosa e piena di vita lei. Che mi fa sentire come un giocatore di calcio che sta facendo il giro d'onore dopo avere segnato un gol. Sorrisi, abbracci e saluti, quasi fosse una festa organizzata. E siamo appena dall'altra parte della strada, con tutti i compagni che mi si cingono intorno, anche quelli che non conosco affatto. La festa è contagiosa e l'irruenza di Clara ancora di più. Mi inietta nelle vene una forza e una voglia che avevo completamente perso. La mangerei di baci. Perché per me l'attraversare quella strada per rientrare in quel bar, un tempo così solito, lo stavo vivendo come un vero e proprio calvario, e lei invece me lo ha trasformato in un momento di gioia.

E il barista che dopo tutto questo tempo mi ha persino riconosciuto, senza chiedermi nulla, mi apre una birra e l'appoggia sul bancone, come al solito senza bicchiere. «Questa te la offro io. Ci sei mancato sai?», mi dice sorridendomi e prendendomi completamente impreparato da tanta premura, da lui che no, non è un compagno, ma solo un lavoratore che cerca di sbarcare il lunario, ma è sincero. Sicuramente è parte di quella vecchia Roma proletaria abituata a convivere con carcere, *sbirri*, arresti. E mi rendo conto che la mia galera per lui sia stato un fatto del tutto normale, che deve essere comunque superato, fino alla prossima volta, magari con una birra. Già. E mi viene bonariamente da pensare che sicuramente gli devo essere mancato, con tutta quella birra che gli ho consumato negli anni!

Le nove di sera. L'appuntamento era per le otto, ma il ritardo è di rito. Respiro profondamente mentre osservo la piazzetta che si popola. In disparte, poco lontano, mia moglie chiacchiera con Andrea, e mi accorgo che non mi dispiace, forse perché ho cose molto più importanti di loro a cui pensare. Rientro nella stanzetta del sottoscala. Ora è un poco più viva. Si ciclostila un volantino per le scuole. Mi accendo una sigaretta proprio sotto il cartello scritto con un pennarello che quasi implora *"Non fumate!"*. Credo che sia stato messo lì apposta per potergli disubbidire. Alla spicciolata entrano i compagni, quelli importanti. La differenza con quelli che rimangono fuori, esclusi da questa sorta di summit è quasi una differenza di classe. Tanto spontanea, plebea e casinista è la piazzetta, tanto saccente, aristocratica e stalinista è la stanza della sede in questo momento. E io che ho tradito ogni mia estrazione piccolo borghese per odio, disprezzo e nausea di quello che rappresentava quel mondo così arrogante e ipocrita, mi ritrovo tra questi *capetti*, la maggior parte che puzzano soldi e borghesia, proprio come i compagni dei Comitati universitari, così *carini* nel loro ricco casual *sinistrese* da fare schifo.

Università, il mio rifiuto ai suoi modi e alle sue abitudini, me lo ha rinfacciato a ogni nostro incontro, fino a riuscire a cacciarmi perché non riuscivo a mantenerla. Come una donna attraente mi ha sempre respinto e contemporaneamente sfidato a conquistarla. E ogni volta che ho pensato di averla afferrata mi è sfuggita via, sbeffeggiando il mio vano tentativo di possederla. Io non sono riuscito a finire i miei studi là dentro, sono stato costretto ad andarmene, però solo dopo avere giurato di ritornare in qualche modo, per riconquistarla. Nel '77 ho anche creduto di esserci finalmente riuscito, sporcando i suoi muri, chiudendo i suoi cancelli, cacciando i suoi *baroni*. Ma era stata solo un'illusione perché la sua cancrena non era solo quello che si vedeva. Ed è bastato il rientrare in qualche collettivo universitario, fare qualche assemblea in una *aula magna*, per ritrovarla integra, ancora vincitrice con le sue linee di noia antica, eterno ritrovo di menti in decomposizione. E davanti a quella sua stasi di ripetizioni impastate con il tempo mi è esploso ancora il consueto schifo del borghese. Diverse le facce, forse, ma che ne ricordano altre, perché la borghesia si somiglia nelle persone, nel tempo e nei modi, e mi ispira sempre lo stesso rifiuto. E adesso sono anche cosciente che non potrò mai averla o batterla. Perché anche questa sera in qualche modo è qui a prendersi beffe delle mie tristezze, delle mie sconfitte, delle mie rabbie, di tutte le mie idee E io non so neanche dove cercare la forza di combatterla.

Finalmente arriva *Kocis* che mi fa sperare che ancora qualche casinista-spontaneista sia rimasto. Entra anche un operaio ancora nella sua tuta, merce rara e strana, in queste riunioni. E alla fine, con calma, quasi aspettandosi un applauso per la loro entrata in scena entrano i *veri capi*. Mi suona strano e fastidioso che Roberto sia con loro. Il suo malcelato odio verso di me è rimasto immutato, come del resto il suo modo intrigante di fare politica da *corridoio*. Mi guardo intorno e so chi potrebbe essere dalla mia parte e anche chi contro. Sembriamo proprio un partito. Di quelli vecchio stampo. Perché abbiamo i nostri *santoni*, le nostre correnti, le nostre alleanze, proprio come la DC. Ormai sono le dieci e si decide che due ore di ritardo possano bastare e il *rito* si può alla fine compiere. Si chiude quasi solennemente la porta come a sancire la divisione tra noi e il resto del mondo. Silenzio. Si inizia e *Kocis* mi fa un cenno di saluto complice, mentre Dodo mi sorride convinto. Lui è stato incaricato da Vittorio di convocare questa riunione per me e quindi l'ha aperta con un breve intervento introduttivo sulle problematiche da me sollevate. Peccato che abbia in qualche modo perso il suo seguito, ma di certo il suo carisma è rimasto intatto. Ma un appoggio da parte sua non è che mi aiuti molto, però. Perché, anche se è stato scagionato, è stato arrestato come sospetto BR, e questo, anche solo a livello di sospetto, qui dentro è un peccato mortale, prima o poi.

Comunque, sento che si parli proprio di me, del mio ultimo documento politico e del rischio che possa essere stato contaminato dalle mie frequentazioni con elementi della lotta armata durante la mia carcerazione. Non viene neanche presa in considerazione la strategia che ho indicato per risolvere l'*empasse* in cui, secondo me, ci troviamo, ma almeno si discute sull'individuazione della *fase* e questo è già un buon inizio. Sono sicuramente consci che la mia discussione verte sulla *linea* politica, sulla *loro linea* politica, che chiaramente contesto. So che è come andare contro i mulini a vento, ma è anche il mio *tutto per tutto* perché, se non è possibile in questa sede, in quest'ambiente, abbattere pregiudizi, luoghi comuni e situazioni superate, allora è veramente la fine, e non ci sarà più un posto dove sentirmi *politicamente* vivo.

Vedo Francesco del collettivo universitario di Filosofia che immerso nei suoi riccioli sbadiglia annoiato mentre io introduco il mio documento politico uscito dal carcere. Ma improvvisamente si sveglia, forse perché ho pronunciato la frase chiave del *referente politico*. Mi guarda, forse impressionato dalla mia disamina, ma io quello sguardo lo conosco. Sono ormai quindici anni che lo vedo dentro questo tipo di riunioni. È lo sguardo di chi si sta chiedendo da che parte gli convenga stare. No, non ha importanza se quello che si dica sia giusto o sbagliato, e neanche se sia fattibile o se verrà mai fatto, perché l'unica cosa che interessa in questo momento a Francesco e ai tipi come lui, è capire quanto carisma o quanto potere possano acquisire schierandosi dalla mia parte, oppure contro. Ma comunque è un buon segno, perché riuscire a mettere nella testa di simili *avvoltoi* questi dubbi, è il primo passo per riuscire a vincere. Ma poi, a vincere cosa? In palio non c'è la testa di nessuno ma solo questo modo becero che ormai è diventato il nostro modo di fare politica come fosse uno sport o un hobby, ma senza viverla. Anche se, nel caso passasse in qualche modo questa mia richiesta di inversione di marcia, è chiaro a tutti che Vincenzo, il *grande capo*, con le sue vecchie idee stantie, il suo potere e i suoi intrighi, prima o poi potrebbe essere accantonato.

E sono certo che lui l'ha capito. Si intuisce benissimo perché sta cercando di mettere in pratica tutti quegli accorgimenti sindacali a cui si ricorre quando si ha torto, ma ugualmente si cerca di vincere. La sua prima mossa è stata a inizio riunione quella di convocarne un'altra per il giorno dopo, ma usando per quella l'aggettivo *importante* in modo da fare supporre che questa non lo sia. Ed è stato Dodo che ha in qualche modo parato il colpo specificando che, se la riunione *organizzativa* del giorno dopo fosse importante, quelle *politiche*, come quella che stiamo tenendo, siano invece *vitali* e sicuramente propedeutiche a quelle organizzative. E Vincenzo, da animale politico quale è, non ha fatto una piega, ma ha annuito arricciandosi però un poco nervosamente il baffo. Quindi è passato alla richiesta di una lista degli interventi, una prenotazione vera e propria, il marchingegno micidiale che permette a chi lo gestisce di farti stare zitto quando vuoi parlare e parlare quando non ci sia nessuno più disposto ad ascoltarti. E questa volta è Kocis a rispondergli, anche se da casinista quale è la sua risposta di *"io parlo quando cazzo mi pare!"* ha veramente poco di politico. Ma l'ultimo *trucco*, il più infame, è quello di parlottare con i compagni vicino a lui, con i suoi accoliti, mentre io leggo il mio documento, per poi fare seguire un silenzio assordante. Perché nessuno si degna di rispondermi, nessuno parla.

Ed è ancora Dodo che, ben sapendo come il silenzio sia la peggiore delle bocciature, interviene per sollecitare i compagni a confrontarsi sulle mie tematiche in modo più costruttivo possibile. Qualche risposta la ottiene, ma in questo modo viene bruciato in qualche modo il più importante intervento a favore di cui potevo disporre. Ma anche quello fa parte del *gioco* di chi vuole fare di questa riunione un confronto di potere e non di idee, perché immediatamente dopo, inizia la raffica di interventi contro di me dei compagni allineati con la sedicente *classe dirigente*, che più che contrapporre idea a idea sono sostanzialmente uno sorta di tiro a segno dove io rappresento il bersaglio. E l'intervento che cerca di essere il più feroce, immancabilmente, è quello di Roberto. Mi sento un poco svuotato, senza forza di reagire ulteriormente. Guardo l'ora. Le undici e un quarto. Ho tanta voglia di alzarmi e andarmene, ma so che questo rappresenterebbe un'uscita non solo da questa riunione, ma sarebbe un abbandono definitivo. E invece sprofondo, estraniandomi, nei miei pensieri, ritornando con la mente alla mia stessa voglia di scappare via che ho provato quando a soli quattordici anni mi sono trovato a una riunione politica, una vita fa, quindici anni fa.

Vorrei, vorrei proprio andarmene. Guardo l'ora. Le dieci del mattino. E mi dico che sto buttando proprio il mio tempo, perché sicuramente sarebbe stato meglio andarmene in bisca a giocare a biliardo, come hanno fatto tutti gli altri. E invece sono qui. Chissà che mi è venuto in mente. Non è per niente divertente stare in mezzo a tutti questi *comunisti* che parlano, parlano e ancora parlano. Mi metto a curiosare con lo sguardo. Però, i poster che hanno attaccati alle pareti sono proprio carini. *"Hasta la victoria"*, vedo scritto sotto uno di questi, con al di sopra l'immagine di una sorta di guerrigliero. Chiedo chi sia e mi rispondono quasi con ovvietà *"Che Guevara"*. Grazie. Ma chi è? E poi perché hasta? Hasta non dovrebbe essere un saluto, una specie di ciao? Lo leggo spesso sui Tex. Che palle! Ho fatto sega a scuola perché c'era il compito in classe di inglese, approfittando di questa cosa che hanno chiamato *sciopero* e mi sono trovato qua in questa stanzetta sotto la libreria *l'Uscita*. Che chissà che mi credevo che fosse questa Uscita quando mi hanno proposto di andarci, dicendomi che era un posto fichissimo. Col cazzo che sarei venuto se avessi saputo che era soltanto una libreria! Mi annoio, mentre questi parlano. E almeno ci capissi qualcosa di quello che dicono! Peggio che a scuola. Va bene che sono quasi tutti universitari e che il più giovane avrà almeno vent'anni, ma mi sembra che stiano proprio tenendo una lezione. Sbadiglio.

«Compagno... ti annoi?», mi chiede quello che deve essere il capo, interrompendo la loro riunione.

Ce l'ha proprio con me e tutti mi stanno guardando, però mi ha chiamato *compagno*, e non so perché, ma essere chiamato così mi piace. «Dici a me?», rispondo con il mio solito modo di fare indisponente. «Beh, sì, insomma... è che io ancora non ho neanche capito che cazzo ci siamo venuti a fare qui! Che senso ha il non andare a scuola per venire qua a sentire parlare? Questo proprio non lo ho capito»

«Sei uno studente medio?»

«Cioè?», rispondo proprio perché non so se io possa rientrare in questa categoria, non sapendo bene a chi si riferisca.

Questa volta è il mio compagno di Istituto del quinto anno, quello che mi ha portato fino qui, che risponde al posto mio. «Sì, siamo studenti medi del Bernini. Siamo in sciopero perché non abbiamo le aule adatte agli esperimenti di chimica...». Quindi si interrompe un poco spaesato dal silenzio improvviso che ha accolto le sue parole, e cerca di aggiungere. «Poi... nella palestra ci piove... dentro...»

Non so il perché, ma dagli sguardi di tutti che lo squadrano tra lo sbalordito e il divertito, mi rendo conto che abbia fatto proprio una figuraccia. Mi viene il dubbio che sia io che lui siamo proprio nel posto sbagliato e ho la sensazione che ci vogliano magari cacciare, quindi mi incazzo. «Beh? Che cazzo è 'sto silenzio? Non è forse importante?!»

Questa volta è una sorta di Gesù Cristo con barba e capelli rossi che mi risponde. Si capisce immediatamente che dev'essere il capo, o come cazzo lo chiamino qui, perché anche se fino a questo punto ha parlato pochissimo, appena comincia a parlare sono tutti attentissimi. Proprio come a scuola. «Importante? Certo, le situazioni che i singoli compagni vivono nelle proprie scuole lo sono. Anzi, sono proprio questi momenti di disagio diffuso che, anche se non è politico, danno la possibilità alle avanguardie di intervenire, di spiegare, di aggregare, di creare quella coscienza politica che fino a quel punto non è stata ancora espressa in quel disagio. Viene poi dopo, sta nell'abilità e nella preparazione dei compagni creare i presupposti per l'aggancio delle lotte settoriali alle tematiche più generali della Rivoluzione»

Cazzo! Questo è già arrivato alla Rivoluzione mentre io credevo fosse solo la palestra! Mi viene da dire ingenuamente. «Ma allora la palestra non c'entra nulla con… con… insomma, con quello che hai detto!»

«Al contrario, ben vengano queste iniziative di lotta, ma nella misura in cui fungano da stimolo, da preparazione, preparino l'intervento politico». Quindi mi guarda, fa una smorfia che non riesco a interpretare e mi chiede. «E quanti siete nel collettivo del Bernini?»

«Non lo so mica…»

«È la prima volta che partecipi a riunioni come queste?»

«Sì…»

«E quanti anni hai?»

«Quattordici e mezzo, quasi quindici…»

«E hai intenzione di non tornare più…»

Il tono di sfiducia delle sue parole mi appare quasi come una sfida, e davanti a una sfida io non mi tiro mai indietro. E poi, perché non dovrei tornare? In fondo mi piace questo posto, e anche questi *comunisti*, e persino come parla questo Gesù Cristo che sembra il capo.

E per tornare sono tornato. Dieci, cento, forse più di mille volte. E stasera mi trovo qui, dopo quindici anni, a dovere parlare pur sapendo che la maggior parte della gente che è qui proprio non mi vuole capire. Che tocchi a me lo capisco dal silenzio e dagli sguardi diretti a me. Stanno aspettando me, devo riprendere la parola. «Non è incomprensibile quello che ho detto all'inizio, eppure mi pare proprio che qualcuno non l'abbia capito». Mi fermo per un attimo e lentamente squadro quelli che hanno preso la parola prima di me. Attendo un attimo che cessi il brusio prima di ricominciare perché so che occorra attendere il silenzio assoluto prima di parlare. Almeno questo, in quindici anni l'ho imparato bene. È una questione tecnica, di psicologia, se si vuole essere ascoltati non bisogna mai cercare di coprire il brusio alzando la voce, altrimenti si rischia di finire a urlare mentre la gente chiacchera tranquillamente per i cazzi suoi. Se vogliamo è proprio come quando facevo il professore a scuola. E il silenzio puntualmente arriva e devo essere pronto a coglierne il momento, il suo inizio. «Eh, sì. Qualcuno non ha capito. Anzi non ha proprio voluto capire. E se qualcuno si rifiuta di fare una cosa che è capacissimo di fare, significa solo che gli conviene. Quindi qualcuno ha della convenienza personale nel non capirmi e nel non farmi capire. Io penso che sicuramente la convenienza principale di questo qualcuno sia proprio la mia scomparsa politica…».

E vengo interrotto da qualche urlo, qualche insulto, qualche risata sforzata. Ma questo è chiaramente il campo di Kocis che si alza in piedi e urla più forte di tutti. «E lasciatelo parlare! Non rompete i coglioni! Avete detto un sacco di stronzate pallosissime e adesso è giusto che lui risponda, e sono sicuro che dirà qualcosa di più interessante e più giusto… perché 'ste cose sono vere, perché *pijaccie* per il culo, 'ste cose su di noi le ho sentite dette anche fuori di qua, specialmente dal proletariato giovanile. Tutte 'ste chiacchere su di lui, che non è affidabile, che è sbroccato dalla galera, forse servono solo a non dargli retta! E non mi dite di no, che non lo avete descritto così… oppure erano soltanto tutte balle le vostre? Ma in ogni caso *fateme* sentì che cazzo ha da dì, e senza rompere i coglioni!». Quindi si risiede dopo avere ottenuto che tutti stiano zitti.

A questo punto Vincenzo gioca la sua ultima carta, la truffa finale. Sa che ora mi avrebbero tutti ascoltato, e sicuramente con lo spirito giusto, e lui non lo vuole permettere e cerca di chiudere la partita a suo favore. «Forse è meglio aggiornarci, visto che è mezzanotte…»

Dodo gli risponde. «Io non mi muovo da qui!»

Ma Roberto sostiene il suo capo ribattendo. «Io ho sonno…»

«Vai pure a casa!», gli rispondo. «Tanto non ci perdiamo niente… anzi…»

Francesco mi riprende. «Non si trattano così i compagni!»

«E io chi sono? Non sono un compagno, io? Io posso essere impunemente provocato e censurato e Roberto no?»

«Beh, non fare la vittima, adesso...», mi risponde lui con tono paternalistico.

«Non sto facendo la vittima, sto solo cercando di parlare. Mi hanno interrotto, che cazzo vuoi? Che abbozzi, stia zitto e me ne vada? Non sei neanche un poco curioso di sentire quello che ho da dire? E poi il contributo di Roberto e dei compagni del mio comitato è stato praticamente nullo. E questo è quello che realmente penso, non una provocazione. Non mi dire, Francesco, che non ti sei accorto che abbiamo buttato più di un'ora solo a sentire i loro interventi contro di me completamente inutili. Perché che loro siano contro di me lo hanno capito anche le pietre, e sono sicuro che già lo sapevate tutti. Ma hanno dimenticato completamente di dirne i motivi. Che forse neanche tutti loro li conoscono o che forse non hanno nulla di politico, non hanno neanche provato a dire in che cosa e perché io sbaglio e sia diventato inaffidabile. L'unica cosa che si è veramente capito è che si siano accorti che io dica cosa diverse dalle loro. Ma guarda un po'! E c'era bisogno di loro per capirlo? Io sto sollevando dei problemi politici e come è la prassi che dovrebbe seguire ogni compagno, sono venuto qui a confrontare, a spiegare le idee che ho maturato... e perché non dirlo? Anche e soprattutto in galera, a contatto con quel proletariato di cui ci siamo sempre riempiti la bocca senza mai sforzarsi fino in fondo di capire. Io ho incontrato la nostra classe sociale in galera. Non altro, solo proletariato. Non indottrinato, non politicizzato, ma con la Rivoluzione, quella vera, che gli scorre nelle vene. Ed è stato un confronto, una verifica, una prassi dopo tanta teoria... e non sono certo io il primo a sostenere che la teoria va verificata nella prassi e dalla prassi si debba correggere la teoria per poi riverificarla nella prassi. Per chi ancora non lo sa è stato proprio Lenin a teorizzare questo approccio alla politica. Ma tutto ciò vi è sfuggito, vero? Almeno è sfuggito a quelli che hanno parlato facendo di questa riunione uno scontro di persone e non un confronto di idee come invece debba essere. E tra le altre cose, ancora non so che cosa ne pensi tu, Francesco. Perché tu non hai parlato, non ti sei sbilanciato, e neanche hanno parlato i compagni che rappresentano altre situazioni di lotta... come l'occupazione delle case, come l'antifascismo militante dei quartieri di confine, come la contrapposizione con il capitale del mondo del lavoro... e avrei tanto voluto sentire le loro opinioni, e non vorrei proprio concludere questa riunione senza averle sentite. Francesco, se avessi voluto solo sentire quello che pensano i compagni del mio comitato non avrei di certo convocato questa riunione. Io con loro mi sono già confrontato, ho già sbattuto contro il muro che Roberto, Vittorio, Francesca e tanti altri hanno alzato tra me e loro».

Provo a tacere per sentire lo spirito che aleggia nella stanza e mi pare che il silenzio che ha accolto le mie parole sia questa volta carico di consenso, che ho suscitato l'interesse a volere ascoltare quello che ho da dire, quasi un incitamento a concludere il mio intervento. Quindi continuo. «Certo. So perfettamente che ho praticamente messo in discussione un po' tutto, dagli obiettivi, ai mezzi, al modo stesso di fare politica. So di avere messo in discussione proprio *la linea*, certo... ma non è con le provocazioni che mi si deve rispondere, come quella compagna che ha detto che non capiva cosa intendessi io per *linea*. E provocazione per provocazione voglio rassicurarla, non intendevo dire che si debba mettere a dieta lei o qualche altro compagno o compagna... anche se forse per qualcuno ce ne sarebbe proprio bisogno. Io stavo parlando proprio di linea politica, strategia e tattica, e obiettivi. Insomma, dovete spiegarmi una cosa, sono io che sbaglio, ma allora in che cosa? Oppure sono proprio loro che non capiscono e non vogliono capire un cazzo?!».

Sento un brusio quasi di approvazione e finalmente l'atmosfera diventa quella che cercavo, quella con la giusta attenzione, spurgata di tutte quelle piccole ripicche che l'avevano avvelenata. Ed è proprio il momento giusto per farsi ascoltare, come mi suggerisce Dodo. «Parla...»

«È inutile ripetere tutto il preambolo perché il nocciolo del discorso è successivo, ma è meglio ribadire come l'individuazione del personaggio antagonista, all'interno della classe, come nostro referente politico... che per me oramai non possiamo più identificare nell'*operaio-massa*... è un discorso che segue la definizione stessa del personaggio antagonista, in quanto è necessario capire se i parametri che usiamo siano quelli giusti all'interno dei rapporti di forza che via via hanno ristrutturato la società. I parametri economici oggi non sono più o, meglio, non sono più sufficienti, anche se ancora necessari, per individuare tale antagonismo. Lo sfruttamento economico, in questo periodo storico, non è più tale da avere nel proprio intrinseco la contrapposizione con la classe dominante, con lo sfruttatore. D'altronde non è da poco che si è assimilato il concetto del rifiuto del lavoro. Concetto che, secondo me, è già in atto e non deve essere stimolato, ma è pronta la seconda fase, quella della politicizzazione finalizzata alla contrapposizione, alla rivolta contro le strutture dello Stato, indipendentemente dai rapporti economici, ma propria invece di quei rapporti di forza instaurati dalle stesse strutture sul proletariato, perché l'oppressione non è solo la povertà, ma sta nell'assenza di servizi, negli atteggiamenti repressivi delle le forze dell'ordine… addirittura nella stessa architettura dei quartieri proletari intesi sempre di più come i ghetti teorizzati dal fascismo di Mussolini. Estremizzando, forse, ma non troppo, ho supposto che il nostro compito politico di rivoluzionari sia quello di politicizzare il teppismo. E non è una cosa completamente innovativa, se si pensa come sia vero che è dal '77, anzi con il movimento successivo al '77, che abbiamo espresso politica anche e soprattutto con atti teppistici, ovviamente intesi in senso lato, cioè con tutta quella carica negativa che la classe dominante inserisce nella parola *teppista*, e quindi al contrario, con tutto ciò di positivo che per noi porta con sé quello che sia negativo per loro. Ma come stavo dicendo all'inizio di questo intervento, tutto questo, che molto per sommi capi ho cercato di ribadire, è successivo. Il punto di partenza dell'analisi della società, inteso che la nostra sia un'analisi politica e quindi dinamica e per questo, in questa sede, non volta a un risultato sociologico di individuazione di *classe in sé*, ma bensì all'individuazione di antagonismi che si possano incanalare in una nuova *classe per sé*, necessariamente non nel senso stretto della definizione marxista del concetto di classe… e allora, dicevo… il nostro punto di partenza deve essere l'individuazione degli obiettivi. E a questo punto, vi prego, non fate come Roberto che provocatoriamente mi ha chiesto se Rivoluzione e *Dittatura del Proletariato* siano obiettivi che io riconosca, perché è facilissimo rispondere di sì, ma altrettanto facile anche rispondere di no, e l'analisi politica non cambierebbe sostanzialmente. Ma se avessi a disposizione più tempo io vorrei anche rispondere nel modo più complicato, avventurandomi su un campo minato più difficile da attraversare sia per lui che per noi, cioè, chiedendogli o chiedendoci cosa intendiamo oggi con questi concetti, che cosa realmente ne sia rimasto. Perché, secondo me, siamo più o meno tutti consapevoli che... porca puttana! compagni... detti da noi, in questo preciso momento, sono soltanto teoria, o peggio ancora... retorica. Veramente qui crediamo ancora nei Soviet? Crediamo sul serio alla possibilità della creazione di una struttura rivoluzionaria in una società completamente diversa da quella in cui è stata teorizzata? Davvero pensiamo che il tipo di capitalismo che stiamo vivendo sia in qualche nodo analizzabile con gli stessi metri usati nel secolo scorso? Oltre te, Roberto, credo che pochi possano ancora concepire qualche cosa del genere...». Mi fermo un attimo e mi accendo una sigaretta. Più per soppesare ancora una volta l'atmosfera intorno che per la voglia di fumare. Quindi riprendo. «E quindi il punto è questo. La discussione che ho sollecitato è quella di domandarsi che tipo di obiettivi abbiamo. Legali o illegali? E poi, con quali strumenti raggiungerli? Legali o illegali? Quali sono le nostre lotte? La lotta per la casa, le bollette dell'ENEL, la disoccupazione, però i nostri obiettivi sono diventati la costruzione di case popolari, l'autoriduzione, la richiesta di nuovi posti di lavoro. Benissimo. Ma solo nel senso che sappiamo che sono obiettivi legali, simili, se non uguali, a quelli del PCI, di Democrazia Proletaria, della CGIL. Qual è allora la differenza tra noi e loro? Sta nei modi che si usano per raggiungere gli obbiettivi. Legali i loro e illegali i nostri. Ma nonostante questo, la definizione di tutto questo non è altro che *sindacalismo*. Di sinistra, qualcuno può aggiungere, ma non cambia la sostanza, resta sindacalismo... oppure economicismo, come forse preferisce definirlo il nostro *colto* Francesco. Ma allora vi domando. Io sono stato quattro anni in galera, altri compagni ancora sono carcerati, altri addirittura morti, per fare solo una misera politica sindacale, per giunta con il gusto masochistico dell'illegalità? Capite bene che questo non è più il mio modo di vedere la nostra funzione politica. Se volessi fare il sindacalista allora lo farei nella CGIL». Spengo la sigaretta con il piede dopo averla gettata a terra, e osservo il volto dei compagni. Alcuni chiaramente incazzati, mentre altri no. Qualcuno ha seguito attentamente il mio discorso, annuendo anche di tanto in tanto con la testa. Penso che queste siano cose che aspettavano soltanto di essere dette, ma che erano già dentro i compagni. E quindi ricomincio a parlare, tralasciando definitivamente i miei timori. «Ecco, allora, che sono arrivato al nocciolo del mio intervento, della mia proposta che vi ho voluto sottoporre. La rivolta, la ribellione, l'antagonismo, non si devono identificare più con i nostri mezzi illegali, ma bensì con gli obiettivi illegali della lotta. Proviamo a sostituire l'autoriduzione delle bollette dell'ENEL con il sabotaggio del contatore, per esempio, oppure invece di chiedere nuovi posti di lavoro proviamo a portare avanti la riappropriazione dei beni. E siamo solo all'inizio. Ma il concetto è che l'obbiettivo deve essere illegale. Da perseguire con mezzi legali o illegali, questo non importa, perché è quel tipo di obiettivo che ci identifica diversamente da tutti gli altri e dà un senso alla nostra esistenza politica»

È Francesca la prima che interviene. «In questo modo anche il rapimento di Moro potrebbe essere un nostro obiettivo! Ed è proprio questo il nocciolo. Che tu, oramai, sei su posizioni di lotta armata e clandestinità che non sono e non dovranno mai essere le nostre lotte!»

«Questa è solo provocazione», le rispondo.

«Provocazione? Questo è il senso, invece, della riunione, che non hai convocato tu, ma che avevamo già convocato noi del comitato, appena fosse stato possibile, appena tu fossi stato un poco meno sbroccato e avessi smesso di chiamare le compagne troie e i compagni fascisti!»

«Avevamo detto che il personale non dovesse entrare in questa riunione, ma se vuoi sono disponibilissimo a spiegare perché tu sei una troia, con tutte le motivazioni politiche del caso»

Francesca si inalbera, ma ha lo sguardo trionfante perché è riuscita a interrompere non solo me, ma tutto il senso politico della riunione. E io sono cascato nel trucco più vecchio del mondo. La provocazione. E lei continua quasi con ferocia. «Personale o politico... siamo noi che dobbiamo decidere di cosa parlare, non tu. Perché siamo noi che dobbiamo giudicare se sei ancora un compagno affidabile oppure no, sia perché sei sbroccato per tua moglie oppure perché sei su posizioni clandestine!»

È nel silenzio generale che rispondo sferzante. «È un processo?! Bene... ma perché non ti chiedi *CHI giudica CHI*?»

Ed è il caos. L'ultimo trucco, quello che funziona sempre. Il caos, la rissa verbale e no, lo scontro degli insulti, decretando la fine di tutto. E in queste situazioni, come sempre, mi rifugio nel silenzio, ma questa volta so che sarà definitivo. Mi guardo intorno con una tranquillità finalmente ritrovata, anche se intorno a me è come se tutto si stesse incendiando. Osservo Vincenzo, il *grande capo*, e mi accorgo di guardarlo finalmente per quello che è nella realtà, al di fuori della politica, spogliato delle sue fanfaronate, e non resta che Vincenzo il postino, null'altro. Guardo Roberto e Francesca, che ormai non sono altro che due ragazzini che senza il sei politico non avrebbero mai potuto prendere un diploma. Solo Kocis ai miei occhi è rimasto proprio lo stesso, un casinaro a cui vorrò bene per sempre. Mentalmente osservo i compagni presenti a questa riunione completamente inutile e li saluto tutti, uno per uno. E penso che avrei dovuto farlo tanto tempo fa, o almeno prima di riempire questa stanza con parole e paroloni, che stanno già perdendo di significato, anche per me che le ho dette. Non mi mancherete, no. Mi mancherà sicuramente la piazza, i cortei, persino gli scontri con la Polizia. Mi mancheranno quei meravigliosi momenti di allegria e di pazzia collettiva che in questa stanza risultano estranei, completamente dimenticati o mai compresi fino in fondo. Forse molti di voi non hanno mai sentito improvvisamente salire agli occhi il sangue dell'ira, senza neanche esserne consapevole come è successo a me più di una volta. E i miei occhi si socchiudono su questa realtà solo vostra e proiettano lontano nel tempo l'immagine o il sogno di me che afferro il megafono e inizio a volare, contro la stessa realtà della piazza, da solo contro i blindati.

Sono da solo in mezzo alla strada a camminare contro e a gridare slogan in faccia ai celerini in tenuta da combattimento a cinquanta metri da me che mi osservano forse come fossi un alieno. Ma dietro di me, a poche decine di metri l'incanto prende forma. Uno striscione si srotola lentamente quasi incredulo e dietro si forma finalmente il corteo. Una bandiera rossa si alza un poco titubante, ma poi, come un'eco amplificata che risponde alla mia voce che esce dal megafono, si alza la voce collettiva dei compagni che scandiscono lo slogan che ho lanciato con l'imponente forza dell'urlo collettivo. Il commissario di polizia che stava contrattando con noi a modo suo, con la forza del Potere dalla sua parte, passa dal sorriso ironico e sbeffeggiante allo schiumare rabbia davanti a questo folle, cioè me, che gli ha improvvisamente girato le spalle e fatto partire questo corteo praticamente sotto il suo naso. Ma anche Vittorio, accanto a lui, che si era autoproclamato responsabile della piazza mi lancia uno sguardo che vorrebbe incenerirmi, perché non sono stato a sentire le sue disposizioni. So che mi crocifiggerà, ma non mi importa, questo momento della voce di un corteo che arriva fino dentro i muri dello stesso quartiere che ha visto crescere Fabrizio, il nostro compagno morto assassinato, vale tutte le conseguenze che dovrò affrontare. A lui, alla sua vita, alla sua morte, almeno questo gli era dovuto. E per un attimo mi sembra di essere al centro di un palcoscenico, perché a destra e a sinistra del corteo, gente di tutti i tipi, coatti, donne ai balconi, ubriachi e anche spacciatori, ci fanno ala con referenza, qualcuno addirittura salutando con un pugno chiuso del tutto improbabile. Una sublimazione però destinata a essere spazzata via quasi immediatamente dai fumogeni dei blindati, dalla carica dei celerini. E la piazza improvvisamente si svuota per riversare tra le strade tutta la sua rabbia. Un sogno tutto intorno a me, mi descrive migliaia di pugni alzati, in un continuo aumentare delle voci in corteo. Ma forse è solo la fantasia scatenata dalla mia adrenalina che mi gioca il brutto scherzo dell'enfatizzazione. Qualche compagno mi urla contro per avere dato il via a questi scontri *senza quartiere* proprio dentro il quartiere di Fabrizio, ma in mezzo ai sibili di pallottole non si può discutere, in mezzo al fumo di lacrimogeni è difficile spiegare che travestito da

evento politico uno scontro di piazza ha spiegato le ali a causa mia, forse
per caso, coinvolgendo tutta la gente che prima forse neanche ci conosceva.
Ma nessuno in questo momento lo può capire, neanche io.

E l'immagine della piazza svanisce dai miei occhi e rientro nella realtà di
questa riunione trasformatasi in rissa e mi accorgo che proprio che quelli che
allora hanno urlato contro di me per quello scontro di piazza che non avevano
previsto, organizzato, autorizzato, sono proprio gli stessi che urlano contro di
me oggi, facendomi capire quanto era la distanza tra noi e quanto lo è ancora
adesso. E Vincenzo riesce finalmente con sua somma soddisfazione ad ag-
giornare questa riunione, ben sapendo che non avrà mai nessun seguito, mai
più. Ma sì! Povero Vincenzo, tieniti pure questo piccolo orticello di potere,
perché è anche questo un modo per sentirsi importante, quando non si è niente.
Appena fuori, sulla strada, Roberto e Francesca, come se nulla fosse successo,
si avvicinano per parlarmi di altre scadenze, per me ormai fantomatiche. Politici da corridoio fino alla morte! L'unico è Kocis che mi si avvicina con un
sorriso che forse non gli avevo mai visto in questo modo, e gli chiedo. «Che
ne pensi?»

«Bel casino!», mi risponde tra il soddisfatto e il divertito. Poi, però si fa serio e abbassando il tono della voce, prendendomi un poco da parte, mi avverte.
«Stai attento. Questi ti rimandano carcerato con questa storia della clandestinità. Non lo capiscono che accusare un compagno in questo modo di queste cose
è diventata oggettivamente una vera e propria delazione». Poi mi guarda in
faccia, da vicino, e come se cercasse una conferma mi dice. «Che poi, il più
delle volte è infondata, vero?»

E mentre gli sorrido mi esce dalla bocca solo. «E già...»

«Comunque ci hai provato. Bravo!», e prima di andarsene conclude con la
sua *sentenza* particolare. «E io che non ti consideravo! Ti credevo solo un at-
tacca-manifesti!»

Respiro l'aria della notte mentre lo osservo allontanarsi pensando che è proprio un amico e che gli voglio bene. Mezzanotte e mezza. Vedo Andrea che se ne va ed Elisa che dopo averlo salutato mi aspetta appoggiata alla mia auto. «Ancora qui?», le chiedo mostrando una falsa indifferenza verso la sua presenza.

«Allora?», mi chiede.

«Ha vinto Vincenzo… e Roberto e Francesca… e anche tu e Andrea… e tutti gli altri». Mi guardo intorno. Il bar chiuso, la piazzetta quasi deserta con gli ultimi compagni che se ne stanno andando, e so che tutto questo mi mancherà. «Credo che questa sia l'ultima volta che vengo qua…»

Forse Elisa crede che io non abbia ancora abbastanza parole appiccicate addosso, perché me ne riversa altre centinaia sulle spalle solo per dirmi come trovi inconcepibile che io voglia abbandonare la politica. Non le rispondo ma mi capita di rifletterci sopra. Inconcepibile? Politica, sesso, amore e anche carcere, questa è stata l'esistenza veramente inconcepibile nella quale ho navigato, in una miscela di esplosioni sia di gioia che di violenza. Pensavo che fosse la Rivoluzione, ma mi sbagliavo, perché hanno appena cercato di farmi capire come invece la rivoluzione debba essere organizzazione, contropotere e anche lotta armata (ma poca). Questa era ed è rimasta la direttiva, ma non ero e non sono d'accordo. E anche se la mia miscela di esplosioni che io stesso ho preparato alla fine mi è esplosa intorno, dentro e sopra di me, devastandomi la vita in ogni minimo equilibrio, io non sono d'accordo. E ora ho anche capito che vivere è meglio di uccidere, che una birra vale più di una molotov. E la direzione che ho preso e che mi ha portato fin qui era quella sbagliata perché, come recitava uno dei manifesti che mi avevano attratto all'Uscita quindici anni fa durante il mio primo approccio alla politica, *"sarà una risata che vi seppellirà"* e non il piombo. E mi rendo conto che quella *risata* dovrà cominciare a seppellire la vostra *organizzazione*, il vostro contropotere e anche me, con tutte quelle balle raccontate, che anch'io ho raccontato. *"Vivere da compagni almeno noi s'impone"*, cantava Pino Masi in *"Compagno, sembra ieri"*, e ora mi rendo conto che non ci sono riuscito fino in fondo. Mi sono fatto sradicare, tagliare le radici e gettare in disparte come legna da ardere. Hanno passato una mano di calce sopra il mio nome e non solo sui muri dove si inneggiava alla mia libertà.

Ma dalle mie ceneri sento di non sentirmi sconfitto. E no, troppo comodo, non sono uno sconfitto. Non mi sento così. Sono passato attraverso quindici anni di Storia perché me lo sentivo, non perché avevo un obiettivo personale. E forse neanche uno politico. Perché in verità non ho mai creduto fino in fondo che avremmo fatto la Rivoluzione, che avremmo ribaltato il potere costituito.

E quando in carcere Federico, durante l'ora d'aria, mi ha chiesto che cosa realmente fossimo, io gli ho risposto. «Ricordi? Ricordi Stefano Rosso ascoltato di notte nella cinquecento? Ricordi il tuo raccomandarmi di non mangiare perché altrimenti un proiettile all'intestino ci avrebbe potuto uccidere? E non ti viene da ridere? Non hai capito che quelli erano solo giochi e null'altro? Chi siamo? Siamo persone che si sono divertiti a mettere del pepe al culo a qualcuno che lo meritava!».

Si è vero, qualcuno è morto.
Qualcuno ha ucciso.
E qualcuno ha dato fuoco alle auto, ha fatto saltare caserme,
mentre molti non lo hanno mai fatto ma solo fatto fare.
Ma tutto non era che un gioco.
Un modo di ridere e divertirci.
Anche quando ci arrestavano
e magistrati e polizia ci torturavano
chiedendoci di armi nascoste,
di servizi segreti stranieri, di collegamenti impensabili,
noi ci divertivamo.
E non capivano.
Non capivano che poggiavano le loro ferree logiche militari,
sulle sabbie mobili della nostre polvere umana
non identificabile né definibile.

Un magma chiamato movimento.
Dove tutto accadeva e nulla andava come prestabilito.

8: UNA NOTTE MOLTO BREVE

E apro la porta della mia stanza della pensione, così come se nulla fosse. Cammino con passo felpato su questa lurida moquette e anche dentro di me, per non disturbare i cristalli dei sogni di rivolta, oramai diventati irreversibilmente fantasmi. Proprio come noi che ne siamo parte ma allo stesso tempo anche la sua negazione. La notte mi ha fregato un'altra volta. La riunione, la sera che è scivolata via, la sua voglia di convincermi a non abbandonare la lotta, la mia voglia di lei. Tutto mi ha condotto a questa notte vigliacca, nella stanza di una pensione con Elisa, mia moglie. Il letto non è così grande per due persone, ma anche noi non abbiamo una voglia di noi abbastanza grande da riempirlo. Sembriamo e non lo siamo, e non lo vogliamo neanche apparire, ma di fatto rassomigliamo a una coppia innamorata. Un vuoto gioco di essere e sembrare, desiderare e scappare, costruire e distruggere, ci ha intrappolati in questa stanza come fosse una cella. Non mi hanno neanche chiesto il documento di lei, della donna che avrebbe dormito insieme con me su un letto con un materasso troppo morbido per farci bene l'amore. E tra noi le parole vanno spegnendosi, esaurendosi, ma il loro suono ci balla ancora intorno, nel tentativo forse inutile, di spezzarci dentro le nostre remore, e le distanze. Che sono infinite. E non c'è poesia.

I nostri vestiti oramai non cadono più in un atto di passione, ma li ripieghiamo con cura per essere messi da parte, come il nostro passato. Almeno per una notte. Proprio come abbiamo già fatto con le nostre vite, messe in disparte, ripiegate con cura su sé stesse, senza interessare più a nessuno. Neanche a noi. Tutto alla vana ricerca di non trovare insieme a noi, nel letto, il disagio. Oltre alle molle rotte della rete. Ma mi devo chiedere per forza, come penso lo stia facendo anche lei, che cosa ci sia in questo innaturale pudore nello spogliarsi uno di fronte all'altro nonostante avessimo deciso di dormire insieme questa notte. Forse questo pudore nasconde particolari *insignificanti* come tradimenti e rancori, calci e schiaffi, insulti e abbandoni e sputi in faccia, che devono essere accantonati. E alla fine capisco che cosa sia. Perché alla fine c'è la fine, la nostra fine, e lo sappiamo, anche se non ce lo diciamo. Superfluo dirlo? Forse, ma il tacere non lo rende meno doloroso. E questa notte, così breve, così vuota, che è solo un'intenzione inconfessata di trovarci dentro l'amore che c'è stato, è destinata a diventare inevitabilmente un suggello infame, come un marchio di vigliaccheria. E come una cantilena mi ritorna in mente qualcosa. Qualcosa di storto, di noi. Schegge impazzite di una stessa poesia.

Dissonanze, incoerenza.
Che lungo discorso!
Falsità incapaci di ignorare la realtà
E transizione della mia incompatibilità.
Schifo.
Terrore del domani.
Morte insensata.
Che corsa affannosa attraverso la coscienza...
Ma porca puttana, ci amiamo?
Buio
Nudi, solo apparentemente.
Dentro di noi non siamo più in grado
di sentirci nudi uno per l'altra.
Un seno e un pene. Una vagina.
Ma non c'è poesia.

Una frustata improvvisa quando girandosi mi dice *"mettimelo dietro"*. Sento l'adrenalina salirmi dentro e vorrei capire dove sia il senso, dove sia lo scopo di questa sua richiesta, senza trovare risposta. E lascio che i corpi si cerchino. Impacciati, increduli, imbarazzati, insicuri, come la prima volta. Le stringo forte la mano mentre la mia mente fugge cercando di ricordarla scavando tra i ricordi. E alla fine, quasi con stupore, ritrovo come in una soffitta un quadro impolverato, noi per la prima volta insieme.

Mi stringi la mano forte, più forte mentre l'ascensore sale (velocemente?

lentamente?) fino al piano di casa mia. I miei genitori non torneranno, non ti preoccupare. Ma la paura è tanta, ti si legge in volto. Forse per sconsacrare il momento e per renderlo meno pesante parliamo in modo disincantato, quasi non ci riguardasse, del sangue che la prima volta si perde dall'imene, anche se poi concludiamo con un prosaico *"speriamo di non sporcare il letto"*. Però, che schifo questa storia della verginità e tutte quelle *bambine* che ne vanno ancora fiere con frasi del tipo *"ti donerò la mia verginità"*. Eppure, il sessantotto con la sua liberazione sessuale è già passato! E da più di tre anni, ormai. Perché non si adeguano? Però che palle essere il primo! Che cosa c'è di bello? Un poco di sangue suo e il tuo cazzo che ti fa male per lo spingere. Che faticaccia! Almeno non ci fosse tutta questa tua paura, con gli occhi fissi sul soffitto, le gambe rigide e le labbra serrate. Sembri quasi una vittima sacrificale. E no, bisogna essere calmi, sennò va tutto a farsi benedire! Forse cercavi la poesia, ma non c'è poesia, né il tempo né la voglia di crearla. O forse non ne abbiamo la capacità, con le nostre menti che sicuramente stanno cercando rifugio altrove, in un'attesa spasmodica del compimento *dell'atto sacro* della nostra prima volta. Che dopo pochi minuti è compiuto. Tutto finito. E non mi dire che te lo ricorderai per sempre. Ma cosa c'è da ricordarsi? Non so neanche se sia riuscito a sverginarti, perché del sangue non trovo traccia. Sento soltanto male e disagio mentre tu lo cominci a chiamare amore. Ma non è vero. Forse un giorno arriveremo anche a sposarci e avere dei figli da potere strumentalizzare, ma non riesco ancora a chiamarlo amore. E se il prima è stato breve e l'atto veloce, il dopo lo è ancora di più. Dal mio letto al portone del mio palazzo è quasi una fuga senza sapere da cosa. Forse dalla paura di essere scoperti. O forse dalla voglia di lasciarsi alle spalle questa *cosa* che ancora non sappiamo definire cosa sia stata. E ti vedo camminare mentre vai verso l'auto di tua sorella. A gambe larghe. E che diamine! Manco ti avessi squartata! Ma forse lo stai facendo solo per farle capire che finalmente l'hai fatto. Sì, ma fatto cosa? Si può veramente definire aver fatto l'amore i nostri *litigi* fisici nel letto prima e il silenzio calato tra noi quasi subito dopo? E mentre te ne vai via con tua sorella, mi rendo conto di non avere la più vaga idea di cosa ti stia passando per la testa. Forse, delusa, starai pensando *"tutto qui?"*. O forse che non è valsa la pena. Oppure potresti essere anche felice. Vallo a sapere! Ma, comunque, non c'è poesia, non c'è stata e non c'è poesia.

E anche oggi in questo letto troppo morbido, su questa rete con le molle rotte, in questa stanza di pensione dove ci siamo rifugiati, anche oggi come allora non c'è poesia. Non trovo poesia in questo nostro ultimo rapporto forzato, quasi blasfemo sapendo che sarà la conclusione alla nostra storia. E mi scopro di aspettare, come sempre ci è successo, che il male di questa penetrazione la prenda, con un piacere quasi sadico di una punizione fisica su di lei, da parte mia. Ma il male non viene, non c'è questa volta. Eppure, mi ha sempre gridato lo schifo che lei provava per quest'atto, mentre oggi la sento mormorare in modo impudico e osceno, *"inculami...".* E mi viene da pensare che invece sia proprio lei che mi stia fottendo, e con questo mi stia dicendo come il suo corpo non sia più mio, perché questa sua nuova voglia non l'ha costruita con me, ma con qualcun altro, e farlo rappresenti proprio una sorta di omaggio a lui, nonostante che dentro di lei ci sia io. E come se delirassi la mia angoscia di questo ulteriore insulto che sto percependo da lei, mi aggrappo con forza alle sue spalle spingendole verso di me, spingendo dentro di lei tutta la violenza e la rabbia che mi crescono da dentro. Ma come se volessi ribellarmi a tutto questo, con la mia mano cerco sul suo viso qualcosa che possa trasmettermi dolcezza, ma le mie dita che sfiorano le sue labbra che si sta mordendo percepiscono soltanto il suo piacere fisico. E non sono contento. Perché non era sicuramente questo quello che immaginavo stanotte tra noi. E mi stacco da lei lasciandomi cadere sulla schiena a bordo del letto. Appoggio il mio volto sul cuscino, sento ancora la pelle dei nostri corpi che si tocca, attaccati l'un l'altra ma lontanissimi tra noi. E mi rifugio con la mente nel mio respiro ancora in affanno ancorandolo a un altro pezzo di noi, scovato nella soffitta dei miei ricordi.

Ho il respiro in affanno. Corro. Mi fermo. Si sono fermati anche loro. Quanti saremo? Sicuramente tanti. Mille o duemila quelli che non sono riusciti a entrare dentro il Mamiani occupato, quasi difeso dai celerini schierati davanti in assetto di *guerra*. E tu sei là dentro, dentro la tua scuola, con gli altri compagni in assemblea permanente, mentre io sono rimasto fuori con la Celere che ci carica per disperderci ogni cinque, dieci minuti. Ma né io, né gli altri compagni ce ne vogliamo andare. Dobbiamo presidiare il Mamiani per impedire che i celerini entrino a sgomberarlo, in una sorta di *Fragole e Sangue*. Manganelli contro slogan. La nostra è una battaglia persa in partenza. Loro non ci faranno mai passare. Un'altra carica, un'altra corsa, una sosta poco più in là, sempre fronteggiandoli anche se ogni volta tre o quattro di noi vengono raggiunti, picchiati e trascinati via, dentro uno dei loro blindati. Ma non desistiamo. Da dentro il Mamiani sentiamo voci che sembrano urla e non si riesce a capire che cosa stia succedendo all'interno della scuola. Ma subito dopo sentiamo la voce di un megafono che da dentro invita alla calma, perché è tutto sotto controllo. Silenzio. Ancora una carica, fatta quasi stancamente, per routine. Ma questa volta da dietro di me arrivano i compagni del Tasso urlando e tirando sampietrini, con in pugno i bastoni. E riescono ad aprire un varco tra i celerini in cui mi infilo anch'io schivando manganelli e scarponi. Arriviamo al cancello del Mamiani forse in meno di venti, mentre tanti altri sono stati fermati e li stanno trascinando via. Si sbattono con violenza i bastoni sul cancello urlando di aprire, ma sembra che nessuno ci senta, mentre i celerini si stanno compattando di nuovo, pronti a venire a prelevarci da quel vicolo cieco in cui ci siamo cacciati. Con calma, quasi fossero dei gatti che giocano con i topi in trappola, i celerini arrivano in gruppi di tre o quattro, prelevano, trascinano e bastonano uno di noi e se lo portano via. La paura mi attanaglia perché so con certezza che toccherà anche a me. Ma ad un tratto dietro le nostre spalle, i compagni del Mamiani ci aprono il cancello e ci fanno entrare, velocemente, prima di richiudere il cancello con la catena, sottraendo quelli rimasti al pestaggio e all'arresto. Da fuori, da lontano i compagni che non erano riusciti a infilarsi nel varco aperto nel cordone della Polizia dai compagni del Tasso, e che avevano assistito impotenti alla bastonatura e l'arresto del gruppo che invece era passato, intonano urla di gioia e di scherno verso i celerini. Siamo riusciti a entrare in meno di dieci, ma non importa, perché l'importante era riuscire a passare, come simbolo della nostra determinazione. In fondo è stato come fare *"tana libera tutti!"* a nascondino. Entro con passo quasi tronfio nel cortile del Mamiani finalmente conquistato, ma mi pare di entrare in un mondo parallelo del tutto alieno a quello che sta succedendo fuori di qui. Nel cortile del Mamiani stanno giocando a pallone e mi viene quasi da ridere, perché lo trovo proprio buffo.

Anzi ironico nella sua linearità che dice che tutto sia solo un gioco. Fuori la guerriglia e dentro il pallone, che in fondo sono due aspetti della stessa voglia di giocare. Dentro la scuola, in aula magna, l'assemblea permanente. Entro, e solo ora mi rendo conto da come mi osservano tutti, che devo essere stato in qualche modo colpito e sento il sangue lento sul mio viso scendere dalla mia tempia e dal mio zigomo. Strano come la paura, che molti chiamano adrenalina, renda insensibili a tutto, persino al dolore. Devo sembrare proprio un reduce, uno di quelli che si vedono nei vecchi filmati di guerra. Mi sento imbarazzato dai tanti sguardi puntati su di me e provo a fare l'indifferente mentre mi guardo intorno alla ricerca di Elisa. Dopotutto il mio vero scopo era quello di cercare lei. Ma il compagno alla presidenza dell'assemblea interrompe la noia del suo discorso per indicarmi a tutti i presenti. «Questo è uno dei compagni che è riuscito a sfondare per raggiungere la nostra occupazione, per aiutarci nella nostra lotta». Dio mio che vergogna! Pure gli applausi no, vi prego. E questa specie di encomio solenne è una vera e propria esagerazione, più dettata dalla necessità della retorica che dalla realtà. Però, intanto ti vedo, finalmente. In un angolo, seduta per terra, tranquillamente abbracciata a un altro, come se fosse la cosa più naturale del mondo, talmente tanto presa da lui che non ti sei neanche accorta di me, di questa sorta di mia *entrata trionfale*. E dalla presidenza dell'assemblea il compagno che mi ha esaltato sta spiegando tutti i miei motivi politici, quelli che, secondo lui, mi hanno spinto a rischiare botte e arresto per unirsi alla loro lotta. Che coglione! Non sa di dire solo stronzate. Perché, mentre rimango come incantato a guardarti *pomiciare* con un altro capisco che in realtà, neanche così tanto inconsciamente, a me non frega un cazzo di questa assemblea, di questi compagni, della loro lotta. Solo per te. Era solo per te che ho fatto tutto questo. Forse perché ti volevo. O forse perché, me ne rendo conto ora, io non mi fidavo. E reprimo la rabbia dentro di me, e mentre si stampa sul mio viso un sorriso ebete, vorrei invece urlarti. *«Troia! Ho rischiato tutto questo per te e tu te stai con un altro!»*

E al ricordarlo, anche adesso, come allora trasalisco. Perché anche oggi hai fatto entrare un altro tra di noi, anche in questo letto così scomodo. Strana ironia della vita. Anche allora come adesso il suo nome era Andrea, proprio come allora, anche adesso allo stesso modo ti ho chiamato troia. ma solo dentro di me. E tra di noi non c'è amore né poesia in quello che stiamo facendo, mentre tu in modo ancora una volta osceno e prosaico mi richiami alla realtà.

«Ma sei *venuto*?»

«No...»

«Allora perché ti sei fermato?»

«Perché forse sono un poco stanco...»

«Non ce la fai?»

«Sì, ma sì... fammi solo riprendere fiato», le rispondo mentendo perché la verità è proprio che non ce la faccia più, non fisicamente, ma mentalmente, perché tutto mi trasmette angoscia e tristezza. E rimango così, appoggiato alla sua schiena nuda, ascoltando il suo respiro ancora affannato e meccanicamente la mia mano l'accarezza, cercando forse qualche piega della sua pelle. E la sensazione di freddo che sento sulla mia guancia appoggiata sulla sua spalla, ancora mi porta lontano tra i miei ricordi, al freddo del marmo del marciapiede, con il mio volto schiacciato sopra quel marmo. Con la strana sensazione di un freddo irreversibile.

Sento il freddo del marmo sul viso mentre la mia mano scorre sull'asfalto della strada. Alzo la testa per ascoltare meglio i rumori intorno. Ho sentito tra gli spari, mentre mi gettavo a terra, vicino a me un rumore strano, quasi ovattato, come qualcosa che si spezzi. Poco più in là vedo altri due compagni sdraiati a terra. Poggio la mia mano sull'asfalto che ora è bagnato. Di sangue. Gli spari sono terminati da qualche minuto. Mi alzo, ci alziamo da terra. Chi di scatto, chi piegato, chi in ginocchio, chi molto lentamente in modo ancora circospetto. Dieci metri più in là però lui non si alza perché (e solo adesso lo vedo) ha la testa scoppiata. È andato. Senza un lamento. Senza neanche il tempo di capire che stesse morendo. Panico. Il panico di gente viva che non sa spiegarsi la morte. Tutto attorno voglia di fuggire. Forse è proprio abbandonandolo che si potrà poi inventare una vendetta che sarà fatta solo di parole retoriche. Rimango. Forse da solo. Forse no, ma io mi sento così, seduto sul marciapiede a dieci metri da lui mentre intorno si corre e si sentono urla, sempre più lontane. Lo guardo e cerco di vederlo, di ricordarlo. E quasi in un rito pagano di cannibalismo afferro nella memoria i miei ricordi di lui, forse alla ricerca anche delle sue ultime parole, prima di questa nostra sbruffonata politica che gli è costata la vita. Chissà se è venuto convinto o controvoglia. Sicuramente lo descriveranno fermo e fiero, un eroe scagliatosi contro l'ingiustizia fascista, perché un compagno morto viene sempre sacralizzato, diventa bello, buono, solare, senza dubbi o remore, un vero esempio per tutti. Ma in questo momento ancora non è scattata l'ipocrisia del cordoglio obbligatorio e io mi accorgo di ricordarne non solo il sorriso, ma anche la spocchia, l'antipatia, gli scherzi cretini, perché era un ragazzo come tanti, come tutti, come me, che a volte può essere anche odioso. Anche se non può esserlo da morto. I compagni sono tornati, intorno a me sono molti di più di quelli che c'erano al momento degli spari. Urla, pianti, bestemmie mi arrivano alle orecchie quasi ovattati perché non li voglio sentire. Qualcuno come sempre già grida feroce orribili vendette, che sicuramente non sarà lui a fare. Perché lui non c'era e non ci sarà, lui è un compagno di quelli che non ci sono mai, neanche quando questa sua smania di vendetta verrà veramente compiuta. Ma da altri. È arrivata anche la Polizia che da lontano ci osserva, forse impacciata, forse soddisfatta, chissà. Si sente ululare la sirena dell'ambulanza che arriva a tutta velocità. Ma perché, poi? Ormai è tutto finito. Le compagne piangono tutte, ma una, e poi anche più di una, si accorgono di me ancora seduto a terra, attonito, e mi stringono, mi abbracciano, mi consolano. La trovo una cosa estremamente stupida. Una di loro si siede accanto a me sul marciapiede.

«Tu eri con lui?», mi chiede.

«Abbastanza vicino...», rispondo sottovoce con il mio sguardo ancora fisso nel vuoto, proprio dove ora è rimasta una grande pozza di sangue.

«Porci! Porci fascisti! Vuoi piangere? Sfogati pure con me...»

La guardo un poco stranito. «No, non mi va»

«Ti farebbe bene sfogarti... eravate così amici»

«Ma guarda che lo conoscevo appena. Non ricordo neanche il suo nome...»

«Si chiama Walter», mi dice accarezzandomi il viso.

Che strana cosa. È riuscita a trasmettermi il suo dolore, e ho sentito come in lei fosse reale. La vedo alzarsi e allontanarsi, e mi accorgo che parecchie altre persone si siano sedute sul marciapiede, proprio come me, quasi vicino a me. E a un tratto una mano mi allunga uno spinello. «Tieni, ti farà bene…»

Un raptus, un'amnesia, una dolorosa pazzia mi coglie e mi ritrovo in piedi, trattenuto da tanti, mentre davanti a me la compagna che mi ha proposto quello spinello è a terra che piange e si tiene la faccia. Intorno voci confuse ma realizzo di averla colpita.

«Ma è pazzo?!»

«Ma no! È sconvolto, era con Walter»

«Ma che è successo?»

«Uno stronzo ha picchiato una compagna!»

«Ah! Meno male, pensavo fossero tornati i fascisti»

E mi allontano fendendo la folla di compagni curiosi, che non possono capire, non possono capirmi. *«Qui io non tornerò mai più, lo giuro»*, penso mentre me ne vado con gli occhi pieni di lacrime, pensando che forse proprio in questo momento un fascista si stia vantando di avere proprio una buona mira.

Maledetti ricordi. Con gli occhi pieni di lacrime quella sera ho giurato a me stesso che non sarei più tornato, se non con le mani piene di odio e di vendetta, se non con quella voglia di vivere e lottare ancora, che però allora non sentivo più, così schifato da quei sedicenti compagni che consideravo più porci degli stessi fascisti. Gente che si stava facendo uno spinello a mezz'ora dalla testa scoppiata di un compagno, a soli dieci metri dal suo sangue ancora fresco, e che dopo magari avrebbero scritto mille e mille volte sui muri che quel compagno era ancora vivo. Ma quella maledetta sera Walter era morto e non ci sarebbe stata più nessuna retorica che l'avrebbe riportato in vita. Maledetti ricordi, come è difficile sfuggirgli. Cerco di ritornare con la mente alla realtà del corpo di mia moglie nudo accanto a me, ma mi si confonde tutto nel cervello. Questo ricordo di vita passata è un incubo che mi ha trapassato con tutta la sua angoscia. Sono sudato nel corpo e negli occhi. E mi sento un miserabile a rimpiangere la mia vita, che nonostante tutto posso ancora gestire, cambiare, sbagliare, vivere. Non posso compiangermi, proprio io che ho visto tante volte gioia o tristezza o rabbia od opportunismo e tutti i sentimenti che compongono una vita finire in un cestino di legno, inchiodato, sepolto, scordato. Ettore, Tonino, Mario, Fabrizio, Danilo, Walter, Valerio. Che ora sono solo nomi, erano invece volti, storie che dentro di me non si sono mai cancellate. E sprofondo nella tristezza, nell'angoscia di non avere vendicato proprio nulla e nessuno, di non avere ucciso abbastanza per poterli riportare in vita, di non avere ritrovato più nei miei occhi e negli occhi degli altri compagni, il colore dei loro occhi. E mi esplode la rabbia. E riprendo il corpo di Elisa questa volta con forza, con più forza. Ora so che non la voglio più, non voglio più quel sapore di fine e di morte che la circonda. Io voglio vivere, perché lo devo a tutti quei volti di compagni ammazzati che mi stanno occupando la mente ricordandomi le loro storie stroncate, cancellate, ridotte in polvere e in sangue. *«Ti odio, ti odio»*, ripeto nella mia mente. La sto cancellando. Rabbia, rancore, disprezzo sono esplosioni che partendo dal mio corpo finiscono dentro il suo. Nel buio, nel silenzio, il rumore metallico della spalliera del letto che sbatte contro il muro. Quel rumore me lo sento salire su dalla spina dorsale fino al cervello, fino a che i miei occhi, nel buio ricordano e vedono ancora una volta il ferro battere il ferro. Ed è come se sentissi ancora quell'odioso rumore del secondino che entra e che batte le sbarre. Come se dovesse richiamare alla realtà tutte le menti rinchiuse che stavano cercando di fuggire. Tutti i giorni. Giorno e notte. Ogni quattro ore. Batte sulle sbarre. Tutti i giorni ogni quattr'ore sbatte le sbarre con forza, con violenza, con violenza contro le sbarre come questo letto contro il muro. E come in un delirio vedo distintamente anche i compagni ridere di me e della mia disperazione. E allora basta. Spingo in culo con forza anche voi. In culo, affanculo pure Vincenzo *grande capo*, *grande* compagno ma di merda. E in culo anche Roberto, misero stronzetto vigliacco che per troppo tempo ho sopportato sull'altare della retorica dell'essere compagni. Compagni? Ma di che? Ma andatevene tutti in culo, affanculo! E sento sempre più forte la violenza sprigionarsi dentro di me come se si stesse liberando dalle catene che io stesso le avevo imposto per essere *politicamente corretto*. Quella violenza che mi ha fatto spaccare vetrine e ossa come nulla fosse, violenza che avevo domato e regalato ai compagni ma che ora torna ad essere mia, solo mia con tutta la voglia che ho di fare del male. Di fare del male anche a Elisa, di spaccare in due questa stronza che per troppo tempo ho chiamato moglie, che troppe volte ho chiamato amore. E allora in culo anche l'amore, anche l'odio, in culo, affanculo tutto, anche tutta la mia esistenza. E alla fine gli scoppi, le risa, la rivolta e la rabbia si accasciano. E sfuggono tutte quelle immagini dalla mia mente come sfuggono le forze dal mio corpo. Resto quasi esamine addosso a lei con quel suo respiro che non conosco. Affannato come non lo ricordo. E sotto di me sento solo il calore di un corpo, ma vagamente, come se fosse solo un sogno. O forse un incubo. Di bello non c'è nulla. Ma sì! È stato solo il *bicchiere della staffa*, l'ultima penetrazione. Ed è ridicolo, ma niente affatto spassoso, che in sostanza sia stata solo una rozza, becera, plebea inculata. Senza la poesia che forse solo io cercavo, senza nulla in cui possa seppellire il mio sentimento per lei. Ed è nella penombra che mi pare di rivederla sorridere, di risentire ancora le sue risate, di riscoprire ancora le sue vergogne. Ricordi di due ragazzini, con i miei calzoni sporcati d'erba, con la sua camicetta sgualcita, con le nostre ore condivise che finivano immancabilmente su un prato, sdraiati al nascosto, dietro i cespugli, a inventarci dei pudici giochi di sesso. E c'era sempre poco tempo. *«Le otto meno dieci! È tardi, dobbiamo correre a casa»*, erano spesso le ultime parole che concludevano il sesso. E l'amore restava spesso *un coito* (involontariamente) *interrotto*. Ma non ci interessava un granché, allora si poteva anche rimandare a domani, a un domani che ci apparteneva, lunghissimo e indefinito con solo la voglia di essere felici insieme. Sarebbe bastato *fare sega* a scuola e andare in un posto tranquillo a Villa Borghese. Oppure il pomeriggio andarci a infilare negli ultimi posti di un cinema di terza visione. E quindi che ci importava se la sera i tuoi genitori ti avevano obbligato a rientrare al massimo alle otto? Proprio nulla. E allora via di corsa, alle otto meno dieci, verso casa mano nella mano, dimenticandoci addosso quasi sempre qualche filo d'erba traditore. E sul portone di casa un bacio, ancora un ultimo frettoloso bacio per potere resistere lontani fino all'indomani.

Quel domani che ci pareva che non dovesse mai venire e che invece un giorno ci siamo trovati improvvisamente alle spalle, ormai passato. Quando il nostro gioco ci aveva tradito ed Elisa era rimasta incinta. Improvvisamente di quel futuro, sognato sereno e felice, non c'era rimasto più nulla. E improvvisamente ci siamo trovato a dovere lottare per sopravvivere, per riuscire a non odiarci mentre sacrificavamo le nostre vite per potere riuscire a nutrire una figlia. Erano bastate dieci ore. Dieci lunghissime ore. Dieci ore di strilli, di travaglio, di parto. Dieci ore che Elisa aveva iniziato da bambina e che necessariamente aveva dovuto concludere come donna. Ma quelle dieci ore mi sono dovute bastare per diventare adulto. Perché per la prima volta ho avuto paura di perderla definitivamente scoprendo che la vita non è solo gioco, ma a volte porta con sé ben altro. Ho avuto paura di perdere tutti quei suoi modi sgraziati e sgangherati ma infinitamente impreziositi dalla sua dolcezza. Ho avuto paura di perderla mentre ora ne ho la certezza, ora che il mio sperma ha sporcato il suo corpo e che la sento ansimare. E mi dispiace che il buio della stanza mi impedisca di vederne il viso, per cercare ancora quegli occhi che mi sorridevano sempre dopo avere fatto l'amore. Occhi che si socchiudevano alla luce, quasi non volessero tornare alla realtà. Quegli stessi occhi che hanno celebrato il trionfo del suo viso quando mi ha detto che ormai era diventata una donna. Ma quel giorno non ho condiviso la sua gioia, quel giorno ero triste perché mi dispiaceva che fosse cresciuta quella che fino a quel momento era stata *la mia bambina*.

Forse era solo per egoismo o forse perché ero già consapevole che il crescere crei soltanto danni. Quei danni che ci hanno portato fino a farci del male adesso, a chiudere una storia ormai troppo vecchia ma ancora troppo bella per finire. Ma almeno trovo logico terminare così, con un atto fisico sporco, violento, non di amore, senza nessun altro trasporto se non quello fisico. Almeno non dovremmo cercare negli altri la colpa di questa fine perché quest'amore troppo bello per non essere fragile l'abbiamo sporcato noi, e non solo stanotte. L'abbiamo sporcato di noi. L'ho sporcato io col mio intellettualismo troppo sfrontato, troppo voglioso di essere geniale per non diventare fango a contatto con la realtà. Quando parlavo dei rapporti liberi, della comunicazione dei corpi, del potere essere di altri senza farci e fare del male, quando teorizzavo la nostra vita insieme espandersi in una Comune, ed Elisa mi ascoltava guardandomi con la bocca aperta come se fosse una trota all'amo, innamorata perdutamente delle mie idee rimanendone vittima, fino ad accettarle senza capirle. E quando abbiamo incontrato Valeria abbiamo pensato che tutto quello di cui astrattamente parlavo potesse davvero diventare reale, senza sapere, senza capire, che scatenando la realtà tutto si sarebbe trasformato in fango.

In un fango teoricamente splendido dove le parole di Elisa suonavano una sinfonia che accettava tante stonature. «Tu e Valeria siete le persone che amo di più. Tu mio marito e lei la mia migliore amica. È stupendo che vi amiate», lei ci ha detto senza remore. Ma avrei dovuto immaginarlo subito quanto diversa e prosaica invece fosse la realtà, anche se non avrei mai pensato che potesse finire tutto in questo modo. Oscenamente in culo! E quella donna che aveva detto quella frase chissà che fine avrà mai fatto.

Avrei voglia di piangere, sono triste come a un funerale. Qualcuna è morta davvero. Questa non è mia moglie ma un'oscena persona che le ha trafugato il corpo. Esco da lei e mi rigiro nel letto, nel corpo e nella mente per potere sognare finalmente libero.

E sogno di lei, di quando era mia moglie,
di quando era viva.
Sogno del suo vestire mia figlia la mattina,
del preparare il caffè per poterlo bere abbracciata a me.
Sogno il suo strillare il mio nome al processo
e il suo giurare che non poteva vivere senza di me
Sogno il suo rincorrermi
per potermi baciare la prima volta, per strada.
Sogno tutte le volte che avrei voluto dirle che l'amavo,
tutte le volte che le volevo dire che mi piaceva,
tutte le volte che avrei dovuto abbracciarla,
tutte le volte che avrei dovuto chiedere scusa,

e che non ho mai fatto.
Strana vita.
Non era vera,
ma a un tratto me l'hanno sputata addosso.

9: UNA CALDA MATTINATA DI SOLE

Ho fatto uno strano sogno stanotte. Una moltitudine di compagni che con attenzione veneravano la Verità, il Vangelo Vivente che predicava visioni di collettivismo. Ma alla fine ho scoperto, capito che ero io sull'altare a spiegare i Sacri Testi al volgo, e mi sono svegliato di soprassalto, sudato e spaventato. Che schifo! Non posso essermi sentito veramente così nella realtà! È mattino fortunatamente. Spalanco la finestra. Sole. Mi giro e mia moglie non c'è più, andata, scomparsa. In questo caso si potrebbe proprio dire *"scomparsa come neve al sole!"*, sciolta da questo sole caldo che mi rende incredibilmente euforico. Caccio un urlo alla finestra e non per gioia o per rabbia, ma solo per affermare che mi sento vivo, che sono vivo. Sulla strada sottostante i pochi passanti si girano un poco spaventati o forse solo sorpresi. Una ragazza si ferma per alzare lo sguardo verso la mia finestra e le grido un "Ciao", e lei ride e contraccambia prima di riprendere la sua strada. Qualcuno mi bussa nervosamente alla porta della stanza e gli rispondo che non si deve preoccupare, che non è successo nulla. Dovrei dirgli, ma non lo capirebbe, che è successo solo che violentemente, insistentemente, irrinunciabilmente mi è scoppiata dentro la voglia di vivere, di voltare pagina, di iniziare da capo, di nuovo. E il bisogno di aria pura mi preme da dentro, devo necessariamente andare. E sono i prati di Villa Borghese, un giro senza meta a bordo della Metro, due passi su Via del Corso, gli scalini da condividere con i turisti di Piazza di Spagna. È un giorno pieno di sole, uno di quelli che fa pensare all'estate ormai alle porte. Il sole riscalda e distende e mi fa come evaporare l'angoscia. Non ho voglia più di parlare, non voglio più parlare con nessuno. Non ho neanche più voglia di pensare, voglio solo respirare il meccanico andare di Roma, per assaporare aria nuova che sa di libertà. E mi trovo a oziare su un ponte, ad assorbire nei miei occhi quel Tevere così serenamente contento di essere sporco, ad ascoltare il rumore del traffico normalmente caotico, con i suoi clacson, i motori, il vociare, lo smog, tutto così normale da risultarmi terribilmente vivo. Incrocio una coppietta che se ne va per i fatti suoi e un vecchio seduto su una panchina appoggiato al suo bastone, senza capire fino in fondo a chi mi debba sentire più vicino, più simile. Due energumeni strillano, minacciano e si spintonano litigando per un parcheggio e mi viene da pensare soltanto come tra i rivoli strani della quotidianità sia in fondo così facile perdersi. E mi viene da pensare, da ricordare come anch'io ho permesso giorno dopo giorno che si uccidesse la mia felicità di esistere in incastri di obblighi intarsiati da orari, scadenze, cambiali da cui doversi difendere identificando il proprio nemico con la prima persona che magari soltanto equivoca su un parcheggio. Ma sono tutte foglie del mio stesso autunno fuori stagione, come il bastone del vecchio che magari per lui rappresenta soltanto l'ultimo simbolo della sua rinuncia finale, della vita stessa. Seguo con curiosità il suo sguardo e mi accorgo che osservi, poco lontano da lui, su un'altra panchina due giovani mamme con le loro carrozzine piene di neonati. E non mi sembra sereno. E non mi sembra neanche benevolo il suo sguardo verso la coppietta che dopo esserci passata davanti si è andata ad appoggiare in piedi al parapetto del lungotevere per potersi scambiare innocenti effusioni d'amore. Forse il suo spirito è colmo di invidia e rancore verso quella vita che gli sta nascendo tutto attorno, mentre la sua lo sta lasciando. O forse neanche se ne accorge e il suo sguardo è invece perso nel vuoto e sta pensando magari a tutti i suoi ideali che gli hanno confuso la vita bruciandogliela. Finirò così? Sono finito anch'io così? Su una panchina di solitudine a domandarmi se ne è valsa la pena e se non fosse stato meglio viverla invece che combatterla questa mia vita. Che tra l'altro è l'unica di cui posso disporre. Se ne è valsa la pena non lo so, non me lo so dire, anche se ancora adesso le mie immagini si illuminano con le parole di sempre, dette a mezza voce, sospirate, gridate in slogan sguaiati da fiumi di persone che porto comunque con me, anche e soprattutto quelli che hanno avuto un capolinea nel sangue o nell'eroina. E ancora oggi, incoerentemente con la mia realtà, le tracce sbiadite delle scritte sui muri figlie di una lontana preistorica politica, mi fanno sussultare il cuore di angoscia, coraggio, poesia e terrore che ho provato nella mia scommessa giornaliera contro società, storia e logica. Terrorismo? Sì certo.

Forse mai, o quasi sempre. Importa poi così tanto trovare una parola che definisse che cosa fosse? Io non so se sia veramente corretto definire tutto con quella parola sinonimo di ottusità politica. Ma allora, c'è veramente qualcuno che possa spiegare come quella stessa parola sia stata invece sinonimo contemporaneamente di allegria e lotta, distruzione e rivolta, felicità e morte? No, non c'è nessuno che lo possa spiegare ma non importa, non importa perché intanto, oggi, non potrebbe di certo portare via i bei ricordi o colorare di rosa quelli che sanno di morte.

Ripenso a Valentino. Nei suoi occhi c'era angoscia anche se questa sua disperazione c'era qualcuno che si ostinava a chiamarla comunismo. I compagni vicino a lui, come capita a ogni funerale, lo sorreggevano più per fare notare la propria presenza che per la preoccupazione di essergli vicino. Ma non aveva affatto bisogno di essere sorretto perché le sue gambe, come i suoi occhi, avevano la stabilità incredibile di quando si sta sprofondando. Sua madre, ormai così pallida, dicevano che sembrava che sorridesse. Ma è un luogo comune. Agli occhi di chi gli sopravvive indifferente a loro, tutti i morti sorridono. E in questo logoro luogo comune quell'indifferenza diventa quasi un insulto. In disparte, proprio come avrebbe voluto stare Valentino senza che gli fosse permesso, un poco lontano, io invece osservavo i lineamenti tristi di quella donna disperata, morta in una disperazione in cui forse era sempre vissuta, ma che le era diventata insopportabile vedendo suo figlio Valentino dietro le sbarre di un carcere. La retorica che da sempre attanaglia il linguaggio della malafede avrebbe avuto buon gioco nel definire quella sua disperazione, disperazione proletaria. Ma in quella bara proprio non c'entrava un cazzo. Quella donna era semplicemente morta di dolore, il suo cuore stanco alla fine aveva ceduto e il suo volto stravolto era lo specchio migliore della sua morte. E io ho pensato che ugualmente quello sguardo sarebbe stato stravolto se si fosse potuta guardare intorno alla sua bara, se avesse potuto vedere quei lobi con l'orecchino, quegli eskimo un poco datati e logori, quelle sciarpe e gonne variopinte delle compagne, tutta gente che la vedeva per la prima volta. Da morta. Povera donna. Sapevo perfettamente che lei, i cosiddetti compagni non li sopportava, perché gli dava la colpa di avere portato sulla cattiva strada il suo Valentino. Che per lei era rimasto così buono e gentile come lei lo aveva educato anche quando lo vedeva sforzarsi di essere cattivo e insensibile, avulso dal *sentimentalismo borghese*. E sono sicuro che tra loro, quasi clandestinamente, fossero rimasta la complicità del figlio con la propria madre, fossero rimasti gesti d'affetto, i sorrisi, le carezze. No, che non avrebbe voluto i compagni intorno alla sua bara, e forse neanche Valentino li avrebbe voluti. Ed invece c'erano, eravamo lì a espropriarle il figlio per l'ultima volta, lui che faceva trasparire dai suoi occhi disperati la sua voglia di gettarsi su quella bara a piangere, in ginocchio a chiedere perdono a quella donna. Proprio come accade nei peggiori romanzi. Ma non lo fece, e invece di piangere sul corpo di sua madre, su quel volto così stravolto per colpa sua, sputò sulla macchina della Polizia e su quell'agente che l'aveva arrestato davanti a lei e trascinato via dalla loro casa, e che gli aveva fatto fare quella poca galera che era bastata alla madre per stroncarle dal dolore il suo cuore. Forse aveva sputato soltanto le lacrime che aveva ingoiato per non piangere davanti ai compagni. Ma se invece avesse sputato in faccia a noi, se ci avesse cacciato via a calci da quel funerale, forse lo avrei abbracciato e pianto insieme a lui, perché sarebbe stato tremendamente giusto, perché eravamo stati prima noi, e non la polizia, a portare via a quella donna il suo unico figlio. Non fece neanche questo. E poi si disse che la Rivoluzione passa anche per queste cose, che Valentino aveva pagato duramente un prezzo pagato migliaia di volte da tutti i proletari in lotta, si dissero e dissi anch'io un sacco di parole giuste anche se terribilmente vuote e inutili. Ma come mi sento pentito, specialmente adesso, Valentino, di averti parlato della Rivoluzione, di quel comunismo per cui ti hanno portato in galera. E ancora provo le stesse terribili sensazioni di allora, quando a quel funerale, in un angolo, lontano, per un attimo mi sono sentito il colpevole, con quel volto bianco che sembrava mi fissasse, mi spiasse, mi indicasse, imputandomi davanti a tutti di essere io il suo vero assassino, quello che aveva convinto il suo Valentino a non essere più la consolazione della sua vita, per diventare un tozzo militante comunista.

Sembro proprio un vecchio, proprio come quello appoggiato al bastone, seduto sulla sua panchina, così gonfio di ricordi, di rimpianti, di pentimenti tardivi. E mentre cammino per la città cercando lo spazio per la mia serenità rifletto come il sapere non sempre sia capire. Capire come solo allora, a quel funerale di quella donna, mi sono sentito un assassino e non quando ho puntato la mia P38 sulla tua faccia e ti ho fatto crepare stupido idiota di un fascista. Uccidere è strano. È un poco nascere, un poco morire. O forse questa è solo retorica. Un figlio che ti corre incontro, la musica di un vinile, un bicchierino di Porto, tutte piccole cose di tanti piccoli attimi di vita. E mi viene da chiedere di quanti piccoli attimi così fondamentali e insignificanti possa essere composta la vita di un uomo. Quanti attimi come questi si cancellano premendo un piccolo pezzo di ferro chiamato grilletto ed emettendo fuoco come un drago. Non è vero che non ci si pensa. Non è neanche vero che ci si pente. Pentirsi di averlo fatto significa uccidere la propria anima perché non è una cosa di cui si possa chiedere scusa e fare finta che non sia successo nulla. Per non avere rimorsi si deve essere sicuri di non avere sbagliato, di avere reso il mondo migliore compiendo quella condanna a morte. In una parte recondita della mia mente ho visto e rivisto tante volte un film di cui forse ero il protagonista o forse no, non importa. Alla fine, ci si sente sempre protagonisti di certe cose. Lui aveva i calzoni stirati male e la giacca sgualcita, e quando è caduto ho visto la suola delle sue scarpe consumata. Piccole miserie di una vita impeccabilmente ricca. Il Rolex d'oro al suo polso non mi faceva invidia. Ricordo uno sparo. Un altro, poi un terzo e un quarto. Poi un attimo in cui avrei voluto ascoltare un silenzio carico di significato, ma che invece non ho sentito perché la città non si era fermata e continuava a emettere il suo incessante sordo rumore di sottofondo. Anche il sangue usciva lentamente, senza impressionare. Due passi, un'auto, le gomme che stridono. Due o trecento metri per poi scendere e salire su un'altra. Qualcuno strilla in lontananza, mentre i compagni in auto con impassibile normalità hanno già assunto lo sguardo del processo.

Perché la strategia è stata disattesa alzando inutilmente il tiro quando non era previsto. Non erano state colpite soltanto le gambe. Due o tre minuti al massimo e disarmato fare le scale in discesa verso la Metro. Sento le sirene, e mi rendo conto che non sono io a scendere quelle scale, al contrario io le sto salendo per uscire dalla Metro, ma incomprensibilmente mi sento *il colpevole* e provo un gran terrore. Ma è strano, perché è un terrore quasi euforico. Ed è solo un attimo, razionalizzo e prendo il mio bus che mi si ferma proprio davanti e il mio film finisce. E tutto svanisce, dimentico tutto, forse solo perché ricordare è pericoloso e si potrebbe avere la voglia di raccontare. Il telegiornale come al solito parlerà di fredda determinazione e i compagni come al solito di un freddo salto nel vuoto della Storia. E nell'indifferenza generale un partito, tanti partiti, tutti partiti pronunceranno la loro condanna. E poi più nulla, l'oblio, con nessuno che resta a ricordare. Un funerale, un vestito nero, una veletta un poco sfilacciata, gli occhi gonfi di una vedova che deve dimostrare il proprio pianto. Poche persone a un funerale con il telegramma del Presidente, la benedizione del Papa, la maledizione del Primo Ministro. Insomma, nulla. Nulla di diverso dal solito. E dopo poco di quel morto non se ne parla più, nessuno lo ricorda, nessuno lo piange, dimostrando quanto sia stato superfluo ucciderlo. Solo io, a volte, lo rivedo inciampare quasi naturalmente in quattro colpi di pistola, contento che forse non sia stato io sparare. Perché quello che ho capito da quella sua morte è l'inutilità. Perché ogni uomo è inutile, viene sostituito come si sostituisce un pezzo rotto di una macchina. E quel pezzo, quell'uomo, ormai inutilizzabile viene gettato via e il suo ricordo diventa inutile, spesso ingombrante.

E mi trovo oggi ad accelerare miei passi come per allontanarmi non da un luogo, ma da questi ritorni alla memoria di abitudini antiche. E mi siedo su una panchina di un giardinetto proprio di fronte a un muro bianco che conoscevo bene. Un muro con tante finestre che nascondono dietro di loro scrivanie, corridoi, pratiche impolverate, dove pulsa una vita particolare, un microcosmo luogo *comune* di tanta gente *comune*. Quanta vita dietro a quei muri che viene ignorata da chi ci passa davanti senza faci caso. Ora ne sono fuori, forse irreversibilmente, ma un giorno anch'io, un poco per caso, un poco di passaggio, facevo parte di un microcosmo simile, vivevo anch'io un posto così dove il tempo viene scandito dai ritmi stantii della ripetizione di modi. Il cartellino, l'orologio, la domenica e il lunedì, il ventisette del mese e lo stipendio. Ma mi rendo conto che il mio odio di ieri per quelle consuetudini che rendono tutti i giorni uguali tra loro, oggi si sia trasformato in invidia. E mi sento un escluso di fronte a quel mondo che però non volevo vivere. Mi coglie la stanchezza. Forse ho camminato troppo in questa mattinata piena di sole. Ma so che la stanchezza non è soltanto fisica, perché questa mattina con la mia mente ho camminato tanto anche attraversando la mia vita. Vedo quel muro e confronto quei ritmi che nasconde con quelli che invece sto ora vivendo, e con quelli che ho vissuto fino ad arrivare fino qua. La politica e la Polizia, il sesso e i tradimenti, la lotta e la galera, in fondo erano diventate una mia nuova, diversa routine, abitudine, ripetizione dei modi. Ma in effetti era diventata un'abitudine alla tensione, alla rabbia, alla repressione, alla paura, all'angoscia, componenti di un microcosmo ben peggiore che mi ha realmente sfiancato e di cui ora mi sento stanco. E alla rinfusa, su un pezzetto di carta mi trovo a scrivere qualcosa che ho bisogno di fissare, schegge di vita del mio passato che non devono sfuggirmi dalla mente.

"E dal tavolino di un bar ci stavamo chiedendo, una vita fa se era proprio così piccolo il nostro mondo, se gli orari e i cartellini che si bilanciavano con i figli e i conti della spesa potevano essere davvero una vita. Ma la polvere che ricopriva la rivolta si stava facendo ogni giorno più pesante..."

"E dalla scrivania di un ufficio unto di pizza e sporco di noia stavamo scherzando sopra le nostre abitudini per aprire alla fine una finestra sulla strada rigonfia di foglie e di persone. Ma quella strada non mi ripeteva gli echi di migliaia di persone in corteo..."

"E qui dentro ci stiamo svuotando di personalità, ci stiamo uccidendo la mente in stanche ripetizioni di modi. Non dovrebbe essere difficile uscirne al-

meno una volta, almeno un giorno. Prendiamo a due mani la nostra esistenza del dovuto e del saputo per fuggire insieme lontano. Fino a Vienna. Non dovrebbe essere difficile, potrebbe essere facile. Se non fosse per lo stipendio, per un figlio che non si può abbandonare, se non fosse per una casa troppo a lungo coltivata con mobili, televisori e lenzuola...”

"E da un letto di una stanza in affitto guardiamo in un televisore usato come la vita di altri sia tanto diversa dalla nostra, impariamo come si possa non rompere con le proprie abitudini, come si possa fare a non esplodere e come servirebbe un giocattolo che ci faccia ridere ancora il gusto di essere vivi...”

"E da un auto posteggiata in disparte inneschiamo insieme il nostro giocattolo, fumiamo la nostra miccia di rivolta per rompere quel vetro che ci separa dalla realtà. Ma siamo veramente pronti a sopportare il peso di una realtà così imbecille che non ci cerca di capire ma che ci pianta un pezzo di piombo nell'aria che ci costringe a respirare...Repressione di uomini, modi, fantasie. Repressione di lotte...”

"E da un letto di una cella, tra un pavimento e un soffitto, tra muri a due metri uno dall'altro, ho immaginato tutto quello che fuori poteva essere rimasto immobile, senza riuscire a capire che nulla sarebbe stato più come prima...”

"E nell'invidia di un tavolino di un bar, di una scrivania, di una stanza in affitto, ormai perse nella memoria della mia vita, sto forse soltanto soppesando la calda coltre di una sconfitta...”

Mi fermo. Mi rileggo. Rileggo ciò che ho appena scritto, così incomprensibile per tutti, ma così chiaro per me. Ho capito, finalmente credo di avere capito tutto. Ho mediato il desiderio di vendetta con la gioia di vivere, il rancore con la lotta, la sconfitta con la rivolta. Accartoccio il pezzo di carta e lo getto. Subito dopo lo raccolgo e me lo metto in tasca, senza riflettere, senza pensarci. Gesti automatici, istintivi, ma per questo non meno emblematici. E come se fosse stato un fulmine a ciel sereno, all'improvviso sento di avere bisogno di Sandra, di quello che lei potrebbe darmi. Forse perché si tratta di qualcosa di completamente nuovo, di pulito. O soltanto perché potrebbe essere un antidoto alla mia paranoia. E la trovo con la facilità dell'ovvio, come fosse la cosa più naturale. Ed era soltanto ieri, un miliardo di parole fa, che l'ho accantonata senza remore dopo averla invitata a pranzo. So anche che mi ha aspettato tanto fino a sentirsi male, e mi dispiace.

E con la mia faccia tosta che non mi ha mai abbandonato, adesso persino te lo chiedo. «Mi hai aspettato tanto, vero? Mi dispiace, ma sul serio per te è importante quello che sia successo ieri? Ti importa ancora, adesso che sono qua a chiederti di uscire con me? Dopotutto, la promessa era una cena non un pranzo! Ricordi? Ce la siamo promessa e ripromessa tante volte, giocando, in tutte quelle lettere di quando ero in galera. E una cena da Marini, nella solita fiaschetteria sarà, proprio come ci siamo promessi, perché doveva essere normalità, oltre che allegria. Giusto, Sandra?»

Mi guardi incerta. «Non so… ma tu mi vuoi sul serio?»

«Ogni promessa è debito… ma se tu non vuoi più…»

Sei quasi buffa nell'interrompermi, così velocemente, quasi angosciata. «Sì sì! Sì, voglio!»

Sorrido e mi permetto pure di scherzare. «Non hai paura che ti possa dare un'altra buca?». Ma immediatamente mi do dello stronzo da solo, pentendomi di giocare con questi tuoi sentimenti così puliti, così decisi.

Ma tu mi rispondi dolcissima. «Sì… sì ho paura che tu non vieni e che mi farai stare male un'altra volta. Ma fa niente… meglio rischiare che niente. Stasera da Marini, come ci eravamo promessi… va benissimo…»

«Io ci sarò. Te lo prometto», cerco inutilmente di rassicurarti.

Ma mi rendo conto che sto rassicurando più me stesso che lei, perché mi dico che è ora di finirla di giocare, specialmente con la vita e i sentimenti delle persone. E mi accorgo che la voglio. Forse, perché sento proprio che non voglio perderla. Sento che potrebbe essere tutto quello di pulito che mi è rimasto tra le dita e che non lo devo perdere. Almeno devo provarci a non perderlo.

10: UNA SERATA FINALMENTE MIGLIORE

E per una volta voglio persino arrivare per primo, non mi interessa aspettare, forse perché questa mia voglia non è altro che voglia di restare solo dopo essermi scrollato di dosso la polvere della gente che non mi vale, che non mi merita. Finalmente solo con me stesso. E posso anche tranquillamente ricordare senza più dovere esorcizzare, cancellare dei pesi accumulati dentro. Mi sento bene solo con questo mio presente e con un passato fatto solo di ciò che mi piace. Le sei del pomeriggio. Lo stesso tavolino di marmo. Quattro vecchi con un litro di vino intenti a far quadrare un tresette. Entrando, mi fermo per un istante davanti al bancone dove Cesare, con le sue bretelle sempre fiammanti, sta tagliando panini e versando qualche bicchiere di vino, aprendo qualche bottiglia di birra. Come sempre.

«Una birra», gli chiedo quasi sottovoce, forse per passare inosservato.

Ma lui, per me inaspettatamente, distoglie la sua attenzione da quello che stava facendo per alzare lo sguardo verso di me e ha quasi un moto di allegria sul viso nell'incrociare il mio. Ma immediatamente dopo si ricala nel suo personaggio di *oste antico*, sempre affabile ma mai amico dei suoi avventori. Mi porge la birra con un bicchiere, ma mentre mi giro per andarmi a sedere a un tavolino libero, si lascia sfuggire, quasi di nascosto, sottovoce, con voce cavernosa. «Bentornato»

Sono sorpreso, però mi giro per ricambiare quel suo saluto, ma lui ha già trovato il modo di schernirsi sparendo dentro il suo retrobottega. E dentro di me mi ripeto quello che forse era completamente inutile dirgli, perché lui sicuramente già lo sa. *«Ciao Cesare. Mi sei mancato, tu e la tua birra, e questo posto in bilico tra passato e presente chiamato Fiaschetteria Marini»*

Mi siedo a un tavolino e distendo le gambe appoggiandomi al muro con la sedia. E qui dentro mi sento quasi a casa mia. E quasi mi sembra strano, ma sicuramente piacevole, esserci tornato. La Fiaschetteria sembra proprio che una delle poche cose, se non l'unica, che ho ritrovato praticamente intatta, proprio come l'avevo lasciata quattro anni prima, con tutte le sue storie che sono rimaste incastrate tra i fiaschi accatastati. Come al solito l'odore di vino scadente avvolge gli urli del giocatori di tresette, di un sapore strano, particolare, che mi riporta a girovagare con lo sguardo e con la mente in ogni angolo di questo locale dove ho trascorso innumerevoli serate. E rivedo immagini fatte di risa, baldorie, e qualche pianto di gente con la sbornia triste. Ricordi ingialliti, forse, ma sempre sinceri, perché qui le serate non hanno proprio tempo. Uguali e sempre diverse tra loro, intossicate dal fumo di sigarette e altro, immerse in un vociare insistente, inzuppate dall'odore e il sapore del vino. Mentre osservo, senza guardare ma vagando tra i miei ricordi, lentamente i tavolini si riempiono, scandendo quasi il tempo che passa e la serata che avanza. Tutto attorno a me sento un allegro rumore di vita dal quale è impossibile non essere coinvolto. Non si riesce a stare soli per molto tempo qua dentro. Tra gli avventori vedo dei volti che me ne ricordano altri. Oppure sono proprio gli stessi, non saprei. E sento intorno a me una carica antica, che pensavo fosse dispersa per me, che affiora tra panini, piatti di fagioli, vassoi di affettati, vino e spinelli. E non si può resistere per quanto risulti contagiosa. E per me ha il risultato di un'iniezione di voglia di vivere, voglia di essere, di divertirsi ancora. E penso che possa essere la birra che mi sta dando questa sensazione, perché la voglia che sento è di birra, la sete che ho è di birra, ma non è solo birra che sto assumendo, è euforia.

E come un tempo è ancora Nick, un *giovane* cinquantenne con un passato al manicomio di Santa Maria della Pietà, che si aggira tra i tavolini alla perenne ricerca di una sigaretta. Qui lo conoscono tutti e appena entra si vedono pacchetti di sigarette sparire prudentemente da sopra i tavolini. Solo io ne preparo una in bella vista di fronte a me. Lui la nota, e quasi corre al mio tavolino, piombandoci sopra come un falco, e la prende e l'accende, poi mi fissa quasi volesse scrutarmi e alla fine esclama convinto. «Tu sei l'amico di Tonino!»

Ancora? Dio mio, dopo quattro anni ancora la stessa domanda! Però so che non se ne andrà senza una mie risposta e quindi gli dico, rassegnato, ben sapendo quello che mi dirà successivamente. «No, Nick. Chi è Tonino?»

«Tonino, no?!», mi dice con tono meravigliato. «Sta qua…», aggiunge indicando fuori dal locale in un punto qualsiasi. «Sopra al mercato. Ci aveva un banco di verdura… Tonino, no? Poi si è sposato… 'sto figlio de 'na mignotta ha mollato tutto…»

«Già, è vero», devo dirgli, anche se io non ho mai conosciuto questo Tonino.

«Già, tu lo conosci bene. È il tuo amico, no? Allora come se la passa?»

«Ma chi?», chiedo quasi supplicando.

«Tonino, no? E chi sennò, di chi stavamo parlando? Che hai dei problemi?»

«Nick!», esclamo sfiduciato, cercando una via di uscita.

Lui guarda la mia sigaretta che si è appena acceso e considera. «MS… mica Gauloises…»

«Che c'entrano le Gauloises?!»

«Alain Delon, no? Lui se ne sta a Parigi affacciato dall'attico di fronte alla Torre Eiffel e si fuma le sue Gauloises… se ne frega di Tonino e di Marini…»

«Gliene fregherà quanto frega a me!», provo a rispondere, ma lui è già passato oltre, perché la mia sigaretta l'ha già finita, consumata in poche boccate avidamente, e ne ha trovata un'altra ad un altro tavolino dove qualcuno aveva lasciato incautamente il proprio pacchetto appoggiato in bella vista.

E in lontananza lo sento ancora dire. «Tonino, no?! Sta qua… sopra al mercato. Ci aveva un banco di verdura… Tonino, no? Poi si è sposato…»

Incredibile Nick, lui e il suo Tonino che non so neanche se esista veramente, ma sono anni che lui ripete sempre le stesse cose in questa sua strana forma di pazzia. Ma d'altronde, anche se volesse, di che mi potrebbe mai parlare? Forse della pensione di invalidità civile che non basta o dello sfratto dalla casa popolare intestata alla madre defunta oppure dei fratelli che l'avevano abbandonato a sé stesso già quattro anni fa? Meglio occuparsi del fantomatico Tonino e di Alain Delon, di certo!

Queste mie riflessioni vengono come spazzate via dalle risate da ubriaco che sento venire da poco più in là, ma che mi sembra di ricordare bene. Ma certo, è *Ciccio l'edile*, ancora vivo e ubriaco dopo tutto questo tempo passato da alcolizzato. A lui già quattro anni fa bastava un sorso di vino per essere già ubriaco anche se non gliene sarebbe bastata una botte per dissetarsi. Mi ricordo che involontariamente sono stato io a dargli questo nomignolo, l'*edile*. Perché una sera gli ho spiegato che il contratto di lavoro di un muratore come lui era proprio quello d'edilizia e che quindi lui doveva dare attenzione a tutto quello che sentiva dire sugli edili, perché lui era uno di loro. E lui, l'unica cosa che ha capito del mio discorso era stato proprio il termine *edile* che gli era parso immediatamente molto più qualificante di muratore, e da quel giorno, non senza un certo orgoglio, si era presentato e si era fatto chiamare da tutti *Ciccio l'Edile*.

Mi giro verso il tavolino del tresette e mi accorgo che nel frattempo c'è stato un subentro, un quinto che hanno fatto subito giocare forse al posto di uno troppo ubriaco per ricordarsi le carte uscite. Quell'uomo lo riconoscerei anche tra cento anni perché la sua storia mi ha quasi spezzato il cuore. È il padre di Danilo, uno dei tanti morto di overdose d'eroina, che aveva cercato un poco di serenità proprio qua dentro, cercando di superare le sue crisi di astinenza affogandole nel vino, perché, come diceva lui, un alcolizzato campa anni, decenni, mentre un eroinomane, mesi, al massimo qualche anno. Era diventato un habitué del posto, quasi una mascotte dei vecchi giocatori di carte, e quando è morto, il padre ha mollato tutto, compreso il lavoro, per prendere il suo posto qua dentro, giocando a carte al posto del figlio, bevendo lo stesso vino del figlio, con le stesse persone che gli avevano voluto sinceramente bene, forse più di lui che quando Danilo era ancora vivo aveva cercato di salvarlo dalla fine che poi avrebbe fatto, ma agendo con denunce e repressioni. E questa sostituzione al tavolo, al tresette, qui non ha avuto necessità di molte spiegazioni o commiserazioni. Gli hanno semplicemente detto, siedi, bevi, gioca insieme a noi. E lui si è seduto, ha bevuto, giocato, riso e scherzato, e si è anche incazzato per qualche giocata del suo compagno di tresette andata male, proprio come faceva il figlio, con le stesse persone con le quali lo faceva.

Quante disgrazie ci sono in tutto il mondo, di cui ignoriamo spesso persino l'esistenza, ma quanta umanità si può trovare sul fondo di un bicchiere in questo particolare mondo che io non sono mai riuscito a definire meglio che mondo proletario, fatto di tutte queste persone che hanno dentro di loro tanta forza, tanta voglia di vivere fregando le tristezze della vita. Anche perché non è che abbiano molta scelta, molte alternative davanti a loro, proprio perché abituati a prendere delle mazzate nella propria vita in confronto alle quali quello che è successo a me diventa quasi una passeggiata. Commiserarsi è un lusso destinato ad altri, ai ricchi, ai borghesi, che qui sono estranei e tutto sommato nemici. E io nel mio compiangermi ho rischiato seriamente di finire in quella schiera, ma fortunatamente questa birra (seconda o terza, non saprei dire) mi ha fatto capire come anche io appartengo alla filosofia di questa gente, che molto semplicemente consiste nello sbeffeggiare qualsiasi disgrazia con un *"Chissenefrega! Basta che la Roma vince!"*, sgrammaticato sberleffo alla cattiva sorte.

Ed ecco che alla fine arriva Sandra, felice di avermi trovato questa volta all'appuntamento che ci eravamo dati, e non lo nasconde. Mentre io invece non riesco a trasmetterle la mia felicità di vederla, nel mio tentativo poco opportuno di risultare spiritoso. «Alla buon'ora! Niente niente mi volevi dare buca tu stavolta?»

Lei si scusa un poco imbarazzata. «Ma no, ma sai… l'autobus…»

«Ma scherzavo! Prenditi un bicchiere e siediti!», quasi le ordino.

E comincia questa serata così a lungo promessa e concordata sulle nostre lettere che ci siamo scambiati quando io ero in galera, tra una bruschetta un po' troppo bruciata, una caprese troppo condita e dei fagioli *all'uccelletto*. Ma non sono queste le cose essenziali, perché soprattutto parliamo, perché dopotutto dobbiamo ancora conoscerci prima che io la baci. E poco dopo lo faccio con una naturalezza che avevo dimenticato, come se fosse la cosa più logica, coerente, quasi inevitabile che potesse scaturire da questa serata. E quanto è sereno il suo non chiedere, il mio non chiedere, il perché, il quando, il significato che potrà avere questo nostro bacio. E intorno scende la sera e poi quasi la notte senza molti problemi, mangiando e bevendo, mentre da Marini cambiano quasi tutti gli avventori presenti, mutando necessariamente anche il target. Compagni di ogni tipo, irriducibili fricchettoni, intellettuali radical-chic, sostituiscono gradatamente i pensionati e i giocatori di tresette, con ogni tanto qualche moglie che viene a prendere, quasi per un orecchio, qualche marito che ha passato l'ora del rientro. E a vederli da lontano sembrano proprio tanti Andy Capp con la propria Alice!

Quasi alle nove entra Rita che mi scorge immediatamente, proprio mentre sto baciando ancora Sandra, e si avvicina al nostro tavolo, e con fare inquisitorio esclama, decisamente esterrefatta. «Certo che tu sei l'uomo più veloce che io conosca!»

«Dovrò pure consolarmi!», rispondo riuscendo nel record di mancare di rispetto a due donne contemporaneamente con un'unica frase.

«Oh! Certo…». Poi guarda Sandra che mi ha afferrato il braccio stringendolo a sé come se avesse paura di una mia fuga. «Fai bene! Fai bene a tenertelo stretto! Questo qui appena ti giri ti sfugge via! E non lo ritrovi mai solo, questo è la cosa peggiore!», dice con voce questa volta tremolante prima di girarsi e andarsene. Evidentemente la sua misura e colma, e si è sfogata quel tanto che ha potuto per non piangere. La seguo con lo sguardo e rifletto sulla mia impossibilità di renderla felice, su come il nostro rapporto si sia sempre basato sulle incomprensioni e sulla sofferenza. E quando abbiamo avuto un attimo di tranquillità abbiamo sempre trovato il modo di litigare. Complicazioni, solo complicazioni tra noi.

Guardo Sandra che si sforza di sorridermi in evidente difficoltà dettata da quella situazione appena vissuta, ma io so che certe cose non si devono né si possono spiegare, ma si devono trattare con indifferenza, quasi non fossero successe, e quindi le chiedo quasi distrattamente. «Ma porti la gonna stasera?»

«Ci sto male?», chiede preoccupata.

«Ma no... solo che ti ho visto sempre in blue jeans»

«Volevo essere carina... stasera...»

Che tenerezza mi fa questa ragazzina che non avrà neanche vent'anni, mentre si consegna in modo del tutto indifeso a uno come me che ho la fame di essere un divoratore di donne. Ma è come se qualcosa si stia erodendo dentro di me, perché questa sua ingenua fiducia che mi regala sento che in qualche modo mi stia piacendo, e mi stia entrando dentro. La guardo cercando di contraccambiare un poco della sua dolcezza, e le appoggio il palmo della mia mano sulla sua guancia dicendole. «Costruisciti una carezza». E anche se la frase potrebbe suonare imbecille, e forse lo è, Sandra mi sorride accoccolandosi sulla mia mano quasi fosse un cuscino. E forse per la birra o forse per un qualcosa di indefinibile che scorgo nei suoi occhi, io mi sento bene, sono quasi felice, e anche allegro.

Mi guarda, beve dal mio bicchiere e mi chiede mielosa. «Ora non scappi, vero?»

«No...»

«Ti ricordi? Me lo hai scritto, me l'hai promesso...»

«Cosa?»

«Come cosa?», risponde fintamente arrabbiata. «Ho le prove!». E tira fuori dalla sua borsa dei fogli.

Riconosco la carta da lettere. «Dio! Le mie lettere!»

«Le ho portate apposta»

Scherzo. «Sono incastrato, allora!». Poi aggiungo solo leggermente più serio. «Ma mica vorrai prendere tutto sul serio?»

«Tu no?», mi risponde con tono deluso.

«Ma sì… o meglio, non lo so, fammi vedere un attimo… chi cazzo si ricorda che cosa ho scritto e promesso!»

«Almeno ti ricordi come dovevamo fare l'amore? Me l'hai descritto così tante volte che quasi mi è sembrato di farlo sul serio…»

«Beh, più o meno…»

«Come più o meno?», e facendo finta di incazzarsi mi dà dei fogli, sui quali riconosco perfettamente la mia scrittura. «Leggi qua!», mi sollecita.

E mi trovo tra le mani delle lettere che effettivamente le ho spedito, figlie di un gioco delirante di immagini di ricerca di libertà, la cosa che evidentemente più mi mancava nella mia cella, e indirizzate a lei, una sedicenne che quasi neanche conoscevo, vista appena un paio di volte, che evidentemente poi si è innamorata di queste mie parole deliranti da carcerato.

"(...) certe volte mi accorgo di avere la pretesa che tutti la pensino come me. Però con te voglio spiegarmi bene. Ho veramente voglia di fare l'amore con te. non con una chiunque o, meglio, non con una qualsiasi. Fare l'amore con te sarà sicuramente diverso da quello fatto con Paola o Daniela, che tu conosci e con le quali ho fatto all'amore. Perché anche nell'atto fisico si è sempre diversi. Ma si ama lo stesso. Ad esempio, non è vero che, quando si ama si ha sempre la voglia di fare all'amore. Io, ad esempio, posso amare Valeria ma non mi va di farci l'amore. Che confusione, vero? Ciò che ti voglio dire, Sandra, è che mi fa un casino piacere che tu mi dica che mi vuoi bene, ma vorrei che nell'apprezzare o nel disprezzare fossi meno generica. Se no si è indifferenti. Ti sto guardando (la foto). Certo che hanno dovuto pensare altri compagni a MANDARMITI! Perché tu non ti sei regalata (e non solo per la foto)? Ora sto seduto sul letto, con le gambe incrociate, in slip. Ti immagino davanti a me, gambe incrociate, in slip, con i tuoi capelli che ti cascano in avanti e ti coprono un poco il viso. Credo che sia l'immagine più appropriata per quello che penso sia un tentativo di fare all'amore con te. noi due seduti così sul letto

a guardarci e a ridere. Ridere forte, senza neanche fermarci un attimo. Poi mi sdraio indietro e appoggio la testa sul cuscino, tu ti sdrai sopra di me e mi guardi, e ti guardo... così mi addormento questa sera contento e non mi sento solo in questa cella. Chissà se vivrò con te una cosa del genere, un giorno (...)"

Mi fermo e la guardo considerando. «Cazzo! Tipico esempio di come si possa rimorchiare pure stando in galera!». Sandra ride serenamente, mentre io cerco ancora qualche brandello di me e di carcere dentro questi fogli.

"(...) non credo di essere il solo che sta in galera. Mi rendo conto benissimo che anche la famiglia possa essere una galera. Il lavoro, la scuola, la società possono essere galera. Me ne rendo conto perché sono già evaso da quelle prigioni e stavo cercando di evadere anche dall'ultima, la società, quando mi hanno fermato. Ma questo è un discorso risaputo. Però spesso ci creiamo noi stessi delle auto-prigioni nelle quali ci sentiamo però difesi e non prigionieri, e sono quelle mentali. La cosa più importante credo che sia proprio questa. Evadere con la fantasia, non avere paura di fare volare il proprio cervello e quindi trovarsi finalmente a costruirsi senza paura una vita diversa, a nostra misura, senza prigioni. Sto ascoltando Helpless dei CSN&Y. È una di quelle musiche da ascoltare a 150 all'ora in un rettifilo con prati intorno, sole di mezza stagione e una gran voglia di vivere. In questo momento io posso disporre solo della voglia di vivere. Ti pare poco? (...)"

Chiudo quella lettera senza terminarla perché sto rischiando di ricadere all'indietro in quelle sensazioni che mi fanno venire soltanto un groppo alla gola e un cuore gonfio di tristezza. Prendo un altro foglio più per passare oltre, che per curiosità di rileggermi.

"(...) Quando nella tua vita troverai finalmente un uomo, compagno, amico che ti dirà dolcemente che sei la cosa più bella della sua vita, fermati ad amare intensamente quella persona perché avrai trovato finalmente la persona più

vera della tua vita, la migliore sempre... un bugiardo (...) Forse non mi scriverai mai una lettera al giorno, né alla settimana, non più al mese. Forse non mi scriverai più. Ma forse mi scriverai ancora solo un rigo per amore perché lo senti. Forse scriverai ancora una volta ti voglio bene. Forse scriverai un'altra volta, o una volta al mese, o alla settimana. Forse mi scriverai una lettera al giorno. Se tu potessi capirmi proprio come io non ti capisco, ni ameresti alla follia. Se tu potessi essere in me come io non lo sono in te, ti amerei alla follia (...)"

Vedo che Sandra mi sta guardando con uno sguardo trasognato e capisco come lei in realtà non si sia innamorata di me, ma delle mie parole, sicuramente intense, ma certamente false, perché scritte in una cella davanti a una fotografia a una persona che neanche conoscevo, e la cosa mi dispiace, perché invece lei, qui, ora, è vera, sincera. Le restituisco quei fogli del passato quasi a prenderne in qualche modo le distanze, ma l'occhio mi cade su un'ultima lettera che iniziava proprio citando questa mia sensazione attuale. La scorrettezza.

"(...) La scorrettezza è un comportamento giusto di sana riappropriazione se indirizzata verso l'alto. Ma se è verso chi sta al di sotto, la scorrettezza diventa prevaricazione e infamità. Cioè, il mio modo di vedere la vita è l'esatto contrario. L'irrazionale è una forma esasperata di razionalità e viceversa. Razionale è quindi non avere sentimenti verso di te, cioè verso la sola nostra corrispondenza. Ma in questo caso, come sempre, razionale diventa sinonimo di squallido, limitativo, senza fantasia. È quindi assolutamente irrazionale innamorarsi. Ma solo a prima vista, però, perché innamorarsi è fantasia. Ma razionalmente si è scelta la fantasia come modo di esistere da contrapporre a una razionalità apparente che non è altro che conformismo. Ma allora, essendo la nostra scelta razionale contrapposta alla cosiddetta razionalità dello squallore, una delle due razionalità è irrazionale. Ed è chiaro che sia il conformismo perché non comporta ragionamenti ma statica ripetitività di gesti e idee che altri hanno deciso, senza neanche capirle. Ma d'altronde la fantasia stessa per definizione è irrazionale perché non basata su schemi di ragiona-

mento prefissati ma proprio contrapposta per abbattere tali schemi. Ma allora è forse illogico fare razionalmente una scelta d'irrazionalità, oppure diventa solo una definizione sterile e prefabbricata? Io credo alla razionalità dell'irrazionale contrapposta all'irrazionalità del razionale (...)"

E mi fermo dal leggere scuotendo la testa, vado alla fine della lettera e leggo come firma *"Un Pellico-gramsciano un poco sbroccato"* e penso che in quella firma ci sia solo *un poco* di troppo! E capisco anche perché mi abbiano trattato come fossi un pazzo quando sono uscito di galera, se scrivevo queste cose!

Le restituisco l'ultimo foglio e lei mi dice. «A me piaceva cosa scrivevi»

«Sì, forse scrivo bene... ma le cazzate che ho scritto!»

«Mi hai preso in giro?», chiede lei disorientata.

Rispondo serio ma non riesco a sfuggire a un rigurgito di quella mia retorica che ho appena riletto. «No, tu vali davvero qualcosa. E se vorrai, ti darò tutto il tempo che vuoi per dimostrarmelo»

Chi crede che le entrate a sorpresa e a sproposito esistano solo nei film, mi dovrebbe conoscere, perché per me sono una costante. Nella mia vita, in ogni momento che io ho ritenuto importante, sono stato sempre interrotto da cose, situazioni, persone accidentalmente capitatemi tra i piedi per puro caso. Ed è così che la mia frase *poetica* viene interrotta da un'ombra enorme che improvvisamente appare davanti al nostro tavolino. Sandra alza gli occhi nient'affatto spaventata ma gli sorride, si alza e abbraccia e bacia sulle guance quella specie di yeti con la faccia da bambino che io non conosco, esclamando. «Matteo! Che ci fai da queste parti?»

Trovo quasi incredibile che lo yeti parli e non emetta solo suoni gutturali, ma lui le risponde. «Sto qui con un paio di amici». Poi liberatosi dell'abbraccio, prende una sedia per sedersi al nostro tavolino. «Allora Sandra, che mi dici?»

«Sto con lui…», risponde lei indicandomi con lo sguardo.

Ride. «Lo vedo! Posso sedermi un poco con voi per fare due chiacchere?»

Lo guardo serio e rispondo. «No». Lui smette di ridere guardandomi con lo sguardo di un bambino a cui sia stato negato un dolcetto e fa quasi per alzarsi, ma io lo anticipo. «No che non puoi *sederti*, perché ti sei già seduto! E adesso puoi solo prenderti un bicchiere e bere una birra con noi!»

Matteo sorride, si alza, va al bancone e torna con tre bottiglie di birra, ne appoggia una davanti a me e una davanti a Sandra, tenendosene una per sé. «Si fa prima senza bicchieri!», e fa il gesto del brindisi con la bottiglia in mano, invitandoci a brindare in quel modo con lui. «Queste le ho già pagate, ve le offro io perché devo festeggiare!»

«Che cosa?», chiede Sandra.

Mi indica con la bottiglia e risponde. «Ma lui! La sua uscita dalla galera!»

Sono sorpreso. «Ma tu mi conosci? Come fai a saperlo?»

«Come faccio? Avrò scritto decine di volte sui muri "SEBASTIANO LI-BERO" e adesso che lo sei veramente, avrò pure il diritto di festeggiare anch'io?»

Insisto. «Ma ci conosciamo?»

«In qualche modo, sì!», risponde sornione.

Rido. «Ma io non conosco te, e non si può certo dire che tu possa passare inosservato!»

«Ma ti conosco come ti conoscono tutti, *mon capitaine*, come conosco tua moglie e quelli del comitato. E non sono della DIGOS! Io sono un compagno del movimento che va ai cortei, le manifestazioni, gli scontri… mi piace il casino! Sì, però ogni tanto vado anche alle assemblee, all'Università… ti ricordi che hai parlato all'Università dopo *Pifano* un paio di giorni prima che ti arrestassero? Beh, io c'ero…»

«Parlato? Beh, ho solo ripetuto quattro cazzate...»

«Se è per questo, io non ti ho proprio ascoltato!»

«Ma bravo! E che cazzo le facciamo a fare le assemblee?»

«Già, che cazzo le fate a fare? Secondo me solo per fare vedere a tutti chi sono i capi!», risponde con l'aria furbetta.

Rifletto che forse abbia anche ragione, e quindi quasi ammetto. «Carisma, *mon amì*, solo una questione di carisma»

«OK, allora brindiamo anche al carisma!», e beve la sua bottiglia quasi tutta d'un fiato.

«E Cristina dov'è?», gli chiede Sandra.

«Mollata, mollata! L'ho proprio mollata. Lei insisteva, quanto insisteva, ma io niente, duro. Lei continuava a dirmi di no, ma io sono stato irremovibile e le ho imposto un appuntamento con me, al quale lei non è venuta. Peccato. Pare che ora vada di moda il tipo PCI-perbene, il tipo alla *studio-tanto* perché da grande diventerò segretario del partito!». Mi guarda un poco serioso. «E già, stiamo passando proprio di moda, fratello, i tozzi-militanti non acchiappano più come una volta»

Anche questa volta mi sa che ha ragione e penso che con il suo disincantato modo di fare questo yeti non sia per nulla stupido, e abbia capito prima di me tante cose. Cerco però di rispondergli tra il serio e il faceto. «Non credo. Non disperare! Siamo duri a morire. Bisogna solo darsi da fare un poco di più di prima e i frutti si raccolgono»

«Parli bene tu! Ma tu sei il capo! A voglia a rimorchiare!»

Questa volta la mia risposta è un poco amara. «Ho dato le dimissioni»

«Hai fatto bene! A me i capi sono sempre stati sul cazzo!», risponde mentre furtivamente si appropria della bottiglia che aveva dato a Sandra e che lei ha lasciato praticamente integra, per poi concludere fintamente serioso. «Penso di essere un anarchico...»

«Vuoi ridere? Stanno sul cazzo anche a me!»

«E allora brindiamo ai capi che ci stanno sul cazzo», dice bevendo quasi per intero anche la seconda bottiglia.

«Ehi, spugna! Ma non erano per noi quelle bottiglie?»

«Accidenti! Hai ragione! Ora ne prendo altre…»

«Ma no, scherzavo… anzi se vuoi prendi pure la mia…»

Lui mi guarda sornione, osservando come la mia bottiglia sia praticamente finita. Quindi ridacchia e si accende una sigaretta. Poi guarda Sandra e le chiede. «Vi ho forse disturbato? Ho interrotto qualcosa?»

Sandra abbassa un poco gli occhi, come se si vergognasse, e allora sono io a rispondergli. «Ma no, niente di che… ci stavamo solo sposando!». Lei mi guarda sbigottita senza sapere se essere contenta o spaventata e la sollecito. «Non parli?»

Si vede chiaramente che lei cerchi di essere seria, ma non ce la fa e scoppia a ridere. «Sono ubriaca… ubriaca… credo proprio di essere ubriaca! Ma ti amo, ti amo tanto!»

Matteo ritorna a essere uno yeti, ma con la chiara aggravante di essere ubriaco anche lui e urla un "yuuhuu!" che fa cacciare un ruggito di disapprovazione, vista l'ora, a Cesare. Allora lui si mette un dito sulle labbra ad indicare *"Silenzio!"* e improvvisamente entra in un personaggio da film western. «Ehi gringo! L'oste non vuole casino nel suo locale, un ultimo goccio e scrolliamoci di dosso la polvere di questo saloon, andiamo a cercarci un altro fottutissimo posto!»

Lo guardo serioso, e forse perché ubriaco anch'io trovo questa scenetta western quasi divertente, e sto al gioco. «OK amigo. Ma prima ci tocca riportare la puledra alla scuderia, perché credo proprio le serva una bella dormita!», gli rispondo alludendo a Sandra.

Lui la guarda, e senza uscire dal personaggio risponde. «Gringo, credo che tu abbia una fottutissima ragione». Poi si alza insieme con me aiutandomi a portarla un poco barcollante fuori da Marini, fino alla mia auto. Ma non appena lei ci si siede dentro, lui cambia il tono della voce e quasi serio mi chiede. «Scusa. Una curiosità, un piccolo particolare... ma tua moglie lo sa che la sposi?»

«Sai, non credo che gliene fotta un granché!»

«Ottimo!»

E mi metto al volante talmente ubriaco da neanche rendermi conto quante volte rischiamo la vita per il mio modo di guidare che, se solitamente è veloce e aggressivo, ora è diventato assolutamente eccessivo. E non è che con me ci sia qualcuno che mi aiuti a contenermi, perché oltre a una Sandra semincosciente, è inopinatamente salito in auto, un'altra volta non invitato, anche Matteo che dà eccessivo sfogo alla propria personale follia gridando ogni tanto fuori dal finestrino, e dando il suo personale contributo alla mia guida spericolata, eccitandosi al mio zigzagare, frenare e accelerare senza motivo, ma solo per gioco.

«Ferma! Ferma!», mi grida a un tratto.

Mi fermo senza accostare, in mezzo alla strada. «Che c'è?»

«Ho visto un semaforo!»

«E allora?»

Matteo scende e si avvicina al semaforo, per tornare quasi felice alla macchina. «È verde!»

Riparto velocemente con il suo sportello ancora aperto, ma non riesco a evitare che quel semaforo diventi rosso, e passo lo stesso, veloce. Qualche clacson in lontananza è come se mi sgridasse, ma ormai sono andato come fuori di testa dall'adrenalina che mi è arrivata al cervello dopo avere evitato così abilmente lo scontro con le altre auto. E quindi ripasso con il rosso a un altro semaforo, prendo due o tre strade contromano senza nessun motivo e faccio il giro completo intorno al caseggiato di Sandra tutto sul marciapiedi, prima di permetterle di scendere. Le chiedo. «Ci vediamo domani?»

Lei è proprio partita. «Sì, domani! Come sei bello! Ti amo!», e mi bacia prima di scendere mentre Matteo si attacca al clacson dell'auto facendo affacciare la gente dai balconi per gridargli senza ritegno. «Si amano!».

Riparto quasi subito, ma incoscientemente chiedo a Matteo. «Dove ti porto?»

«Ho un'amica che mi ha chiesto un sacco di volte di andarla a trovare. Ci andiamo?»

«Va bene. Dove abita?»

«A Perugia…»

Lo sapevo, lo sapevo che non dovevo fare una domanda del genere a uno come Matteo, per giunta ubriaco. Ma è come se mi avesse lanciato una sfida, è come se mi avesse chiesto fino a che punto giunge la mia pazzia. Non posso tirarmi indietro. E contro ogni logica e ogni mia intenzione rispondo. «OK, dammi la direzione». E ovviamente la sua *direzione* non è altro che una mano protesa fuori del finestrino che indica "avanti", accompagnata dal suo solito "yuuhuu".

11: UN VIAGGIO ALLUCINATO

E l'auto va nella notte, col pieno appena fatto va, senza problemi. Solo la strada, la musica, la notte. Quante volte ho sognato di trovarmi in questa situazione quando ero in galera. È una sensazione indefinibile che è riduttivo chiamare libertà. È proprio il mio sangue che mi pulsa nelle vene con lo stesso ritmo del motore dell'auto che sta andando. Non mi ero proprio immaginato di avere accanto uno come Matteo, ma dopotutto non stona, è abbastanza fuori di testa per un viaggio del genere sognato e imprevisto allo stesso tempo. Lui è anche il tipo di persona che sa dare a qualsiasi cosa faccia i propri connotati, che sono imprevedibili, pazzi, buffi e infantili. Strano come ci siamo trovati sulla lunghezza d'onda quasi subito. Lui giura che le grandi amicizia nascono proprio così. Sarà. Per il momento un fondo di verità c'è perché ci troviamo bene insieme, ci capiamo e ci divertiamo. Ed è buffo vederlo armeggiare tra il sobbalzare dell'auto intorno a una cartina e una sigaretta per riuscire a fare uno spinello. E quando, alla fine, ci era quasi riuscito ha fatto l'errore di muovere il deflettore facendo sì che un colpo di vento abbia sparso nell'auto tutto quello che si apparecchiato, rendendolo evidentemente inutilizzabile. Gli chiedo se voglia che fermi l'auto, ma lui mi risponde che ormai è diventata una questione di principio, una sorta di lotta aperta tra lui, il deflettore e la macchina. Mi sembra proprio che le sue parole siano prive di senso. Ma d'altronde sono perfettamente logiche con la mancanza di senso che ha questo nostro viaggio verso Perugia, nel cuore della notte, verso una persona che neanche sa del nostro arrivo. È un po' tutto sospeso tra il surreale e il *nonsense*, con le luci delle poche auto che incrociamo che si riflettono sui miei occhiali e in qualche modo mi tengono sveglio, mi fanno anche smaltire gradatamente un poco di tutta la birra ingerita da Marini. Mi trovo a seguire con lo sguardo e con l'auto un paio di punti rossi che corrono davanti a me, restando sempre alla stessa distanza. E con un sorriso da moderata soddisfazione sulla faccia, un poco da ebete, lascio che la mia mente si faccia trascinare via in una spirale di domande inutili e senza risposta. Perché non posso veramente dire che cosa contenga per me questa notte e questo viaggio. Forse contiene quella sensazione di fuggire che non mi è mai stata estranea, senza spesso neanche sapere da che cosa stessi fuggendo o cosa stessi cercando. Forse è sempre stata solo una incontenibile e irrefrenabile voglia di avventura. Lontano, andare lontano. Vedo i cartelli che mi avvisano che ormai manca poco per Perugia, ma la mia mente li sovrappone ad altri del mio passato neanche così tanto remoto. Ed è come se la strada si sdoppiasse, come se prendessi un bivio, dove da una parte Matteo continua a litigare con lo spinello mentre la mia mente imbocca tutta altra strada, che mi porta in un altro viaggio, di notte, con la stessa voglia di fuggire, con la stessa voglia di avventura, ma con mete e scopi diversi.

Lontano, lontano. Sono lontano da Roma. Cento, duecento, ormai sono cinquecento i chilometri che ho percorso tra birra, luci, fumo e nebbia sfrecciando in questa notte da pazzi. Centocinquanta l'ora. Firenze e Bologna sono passate e Roma è quasi un ricordo lontano. Un ricordo che diventa sempre più caro più ci si allontana. I miei sentimenti sono ormai ovattati diventando un tutt'uno con i tanti pensieri e ricordi che proietto nel mio futuro prossimo. Un autogrill. È la mia meta. Mi fermo, mi devo fermare, e sono al bar e vorrei trovarmi in uno di quei film americani dove un barista ti ascolta e puoi riversargli addosso tutto il fallimento della propria vita. Ma questa è una merce che in autogrill non si potrà mai trovare. Mi piacerebbe incontrare una ragazza qualsiasi alla quale potere confidare tutte le mie delusioni, le mie speranze che se ne stando andando in fumo, gli slanci di vita ormai smorzati dal tempo che passa. Non mi diverto più. Questa è la verità. Sto continuando a partecipare ai cortei con i compagni di un tempo ma comincio a non sentirmi più uno di loro e mi sto allontanando dai loro riti soliti. La mia irrequietezza, la mia voglia di cambiare tutto e subito, mi ha portato lontano da loro. Più avanti, un secolo indietro, in quel mondo da partigiani anacronistici e improponibili che tante volte avevamo, ho condannato. E mi trovo a riflettere come forse sia vero che la clandestinità non sia altro che un modo per fuggire ai problemi di una politica legale ormai senza sbocchi. Forse non è coraggio. Anzi. Eppure, stanotte mi trovo qui, in quest'autogrill, all'insaputa di tutti i miei compagni. Ma sento che anche fare politica in questo modo, da partigiani scalcagnati, in realtà non mi diverte più. E non so neanche io perché mi stia prestando a queste cose così assurde come quella di questa notte. Il mio sguardo scruta intorno. È poca la gente, di notte, in questo autogrill. Vedo un tizio che si leva la cravatta e la ripiega con cura per metterla nella sua ventiquattrore. Una coppia di uomini di mezz'età, scherzano con una cassiera troppo avanti con gli anni per essere credibile nella sua ingenuità di facciata. Ogni tanto qualcuno squadra anche me, che devo sembrare forse ridicolo, appoggiato al bancone come un Easy Rider di seconda mano, a sorseggiare da solo un whisky di notte in questo autogrill tra Bologna e l'infinito. In effetti sono ridicolo e mi sento ridicolo non solo esteriormente ma anche dentro di me, con il mio cercare l'avventura a buon mercato in un autogrill sonnolento. Solo nei film americani potrebbe improvvisamente sbucare una Candice Bergen a cui confidare come io sia ormai stanco, che voglia dire basta a questa *Rivoluzione d'Ottobre* fatta di piccoli scoppi, piccoli incendi, forse piccoli omicidi nient'affatto *eccellenti*. Sembro un dinosauro che proviene dalla preistoria di oceanici scontri di piazza che ormai sono evaporati diventando ricordi, reperti fossili. No. Non apparirà nessuna Candice Bergen, lo so, anche se sarebbe comunque inutile a quello che sto cercando io, perché di certo non è quello il modo per uscire da questa vita che mi imprigiona in una rete di responsabilità inderogabili, ma che anche mi annoia. Sono condannato a esserci. A essere il *compagno con la pistola* quando invece vorrei solo essere un poco ancora innamorato, non mi importa di chi. Bevo ancora, cercando di annegare il ridicolo di questa mia fantasia dell'incontro con una donna casuale e fatale che potesse estrarmi dalla realtà per trasportarmi in una vita diversa. Ma invece è la realtà che rispolvera i suoi ingranaggi tranciando via queste mie ragnatele da retaggi borghesi.

«Riccardo?», mi chiede un ragazzo usando il nome di battaglia che ho dovuto scegliermi.

«Sei Marco?», chiedo a mia volta ben sapendo che anche quello non sia il suo vero nome ma quello convenzionale.

Lui annuisce sicuro di sé. È tutto pronto, tutto giusto, preciso, regolare. «Intoppi?», mi chiede mentre usciamo dal bar dell'autogrill.

«No...»

«Sicuro?», chiede con tono grave.

Non gli do molto peso e rispondo vagamente. «Direi di sì...»

IL suo sguardo diventa duro, severo. «Dovresti essere più preciso. Ci sono in gioco i livelli di sicurezza non solo tuoi, ma di gran parte dell'organizzazione»

Lo interrompo bruscamente. «Dacci un taglio! Ma davvero credi che se ci avessero voluti seguire non ci sarebbero riusciti? Non siamo in un film e se avessero avuto qualche soffiata, ora non saremo qui, ma in qualche caserma!»

Scuote la testa. «Non sono d'accordo. Questo è disfattismo. Ma questo non è né il momento né il luogo per un confronto. Queste sono cose che devi risolvere all'interno del tuo gruppo. Su una cosa però sono d'accordo. Diamoci un taglio, questa è una missione, non un'assemblea»

«D'accordo. Fai lo scambio?»

«Perché? Tu neanche controlli?»

«Beh, se ci diamo fregature tra noi è meglio diventare buddisti invece che comunisti!»

Mi squadra quasi con compassione. «Ma che credi? Non sarebbe certo questa la prima volta che ci diamo fregature l'uno con l'altro!». Scuote la testa e mi guarda come se volesse dire *"ma chi hanno mandato?"* prima di darmi un appuntamento con l'aria di una spia d'altri tempi. «Tra venti minuti al parcheggio. Ritmo bianca targata Verona. Accostati sulla destra. Io sono là ad aspettarti», e se ne va come se dovesse affrontare il duello dell'*OK Corral*.

Finisco di bere mentre aspetto, ma non riesco proprio a schiarirmi le idee sulla situazione in cui mi trovo e se sono veramente io fuori posto oppure lui fuori dalla realtà. Ma l'unica cosa che mi viene da dire da solo al bancone. «Amico. Hai commesso un errore... si dice *sarò* là ad aspettarti, e non *sono* là ad aspettarti!», ridacchiando tra me e me.

«Scusi? Diceva a me?», mi chiede il barman un poco sconcertato.

Scuoto la testa e me ne vado forse anche barcollando un pochino. Mentre esco penso anche che ho bevuto forse troppo. Dopo tutto devo rientrare a Roma stanotte e sono cinquecento chilometri e più, non pochi, e io non mi rendo conto fino in fondo di quello che sto facendo, mentre Marco si muove con la disinvoltura di Gary Cooper in *Mezzogiorno di fuoco*. Mi viene da ridere pensando che abbia sbagliato il suo nome di battaglia. Altro che Marco, doveva proprio farsi chiamare Tex! Tutto sommato però ha comunque ragione lui, perché avrei dovuto essere più dentro con la testa nel nostro scambio, anche se tutto si svolge senza il minimo intoppo. Però adesso devo guidare fino a Roma e sento di essere quasi sbronzo. Forse anche il mio Riccardo non è il nome di battaglia appropriato, avrei dovuto chiamarmi Antonio l'edile, proprio come l'alcolizzato di Marini che ho appena conosciuto. Mi giro e Marco con la sua Ritmo non ci sono più. Efficiente, veloce, preciso almeno quanto mi sia dimostrato cazzaro io. Forse lui sarà anche un compagno di riferimento qui nel Veneto, mentre io forse sono qui proprio perché poco importante. Mi chiedo chi possa mai essere e mi rispondo che è molto meglio non saperlo. Non sapere è sinonimo di non tradire. Però almeno un saluto poteva accennarlo prima di andarsene. Non avrei preteso un *"Hasta la Victoria"*, ma almeno un *Ciao* poteva pure dirlo. Imbocco l'autostrada sulla via del ritorno, ma mi accorgo che ho realmente esagerato con il whisky e in queste condizioni non me la sento di affrontare la nebbia tra Bologna e Firenze. Meglio fermarsi. Modena, mi trovo un albergo e buona notte! Mica perderemo la Rivoluzione per mezza giornata di ritardo!

Matteo mi riporta al mio viaggio attuale chiedendomi stupito perché stessi ridendo da solo. Non posso spiegarglielo, non posso raccontargli nulla, nulla di come ridessi del mio incosciente fermarmi la notte a Modena con la mia auto targata Roma carica di esplosivo e armi, che per giunta mi ero dimenticato anche di chiudere a chiave! Ma rido anche nel ricordo dei miei nuovi compagni combattenti che mi stavano aspettando a Roma e che non vedendomi arrivare si erano dati tutti, prudentemente, alla latitanza. Rido nel ricordarmi della loro faccia incazzata e sbalordita quando gli ho candidamente confessato che avevo sonno e che mi ero fermato a dormire a Modena. Perché era talmente tutto così buffo nella sua gravità oggettiva che io non riuscivo proprio a restare serio davanti a loro, così giustamente incazzati per quella mia imprudenza incosciente e pericolosa sia per me che per loro, per tutti. Ma forse il sorridere da solo era dettato dalla considerazione che questo mio modo di fare mi ha fatto giudicare inaffidabile e mi ha impedito di fare parte di quel mondo clandestino di lotta armata. Ero stato praticamente *licenziato* su due piedi! E quanto trovo strano oggi che dovesse essere così difficile essere ammessi a qualcosa che storicamente era già destinata a concludersi con la morte o l'ergastolo.

Matteo mi indica un cartello. Ecco Perugia. Guido verso la città con la strada che comincia a salire e mi ricordo quanto abbia sempre detestato questa città e glielo dico. «Non mi piace Perugia... è così presuntuosa come città»

Lui mi guarda un poco stranito. «In che senso?»

«Tutta questa città puzza di Università... che c'è a Perugia oltre l'Università? Solo tanti universitari presuntuosi venuti da tutto il mondo che non fanno altro che fingere di studiare e divertirsi. È la cosa che assomiglia di più a un *campus* americano. E io odio l'America! E odio la boria del mondo dell'Università con tutta quella gente che ti guarda dall'alto in basso come a dire che *non possiamo capire*... ma poi cosa cazzo c'è da capire?»

Matteo mentre mi dà un paio di indicazioni sbagliate sulla strada da fare per arrivare a casa della sua amica, costringendomi a invertire più volte la direzione della mia auto, comincia a parlare stranamente serioso, con l'aria improponibile del filosofo. «È un poco come la storia del lupo e della volpe»

«Che cos'è 'sta storia?»

«È la questione del fattore primario e secondario...»

«Primario e secondario?! Ma che stai dicendo?»

«È un esempio. Il lupo sbrana di prepotenza, la volpe d'astuzia...»

«Vero, ma che significa?»

Si interrompe e mi fa il cenno di fermarmi. «Siamo arrivati», e non appena ho accostato apre lo sportello dell'auto per scendere.

Lo fermo. «Un attimo. E il lupo e la volpe?»

«No, quelli non li portiamo», mi risponde ridendo e io scuoto la testa rassegnato. Poi serio mi chiede. «È questo il portone, credi che stia dormendo?»

«Alle due della notte? Perché dovrebbe? Vedrai che ti sta aspettando!», gli rispondo pensando che la mia ironia sia fin troppo chiara, ma lui non la capisce.

«E perché dovrebbe? Mica le ho telefonato per dirle che stavo arrivando!»

«Vedrai... forse le improvvisate nella notte le piacciono...», dico quasi ridendo.

«E noi gliela facciamo!», risponde trionfante mentre si attacca al campanello.

Si sentono dei rumori provenire da dentro e Matteo resta immobile ad attendere senza fare quel passo indietro che io, invece, al posto suo avrei fatto prudentemente, e ne approfitto per chiarire una cosa con lui. «Comunque, la storia del lupo e della volpe non l'ho mai sentita. Esiste il lupo e l'agnello, la volpe e l'uva. C'è una volpe in Pinocchio e il lupo in Cappuccetto Rosso, ma la storia del lupo e della volte penso proprio che non esista!»

«Davvero? Ma che importa? Era solo un esempio»

Sarebbe da strozzare, ma transigo e bonariamente quasi lo supplico. «Matteo... fammi un favore, non fare più esempi!»

«E perché?»

«Beh, non vorrei che te ne uscissi che ne so? Con una giraffa e un elefante!»

«Va bene, anche se...»

«Cosa?», chiedo esasperato.

«Anche se starebbero bene in un esempio... perché tutti e due hanno qualcosa di lungo, uno il naso e l'altra il collo!»

«Matteo!»

«Scherzavo...», mi fa quasi ghignando.

Il portoncino si apre davanti a lui e appare una ragazza che lo saluta con un *Ciao* che trovo completamente irrazionale. Avessi suonato io alle due di notte, che ne so, a mia madre, sarei stato ucciso sul posto. Invece no, a lui lo abbracciano, in un modo incredibile e penso che il mondo circonda Matteo sia proprio come lui, a sua misura, fuori di testa e da ogni logica. Devo ammettere di essere un poco invidioso e potrei anche odiarlo per questo, ma non ci riesco.

«Come stai?», chiede Matteo incoscientemente.

«In camicia da notte, non vedi?», gli rispondo io al posto della ragazza, cercando di infilare tra i due almeno un filo di buon senso.

Lei mi dedica solo un sorriso di un istante, poi chiede a Matteo. «Che ci fai a Perugia?»

«Niente... passavo...»

E se la sua risposta mi è sembrata assurda, non da meno lo è quello che la ragazza ribadisce. «Bene, hai fatto venire a trovarmi...»

A questo punto rinuncio a capire, ma dato che sono le due di notte e che sono arrivato fino qui, cerco di entrare dentro quella casa anch'io, pensando che magari potrei trovare all'interno un divano dove dormire un poco prima di tornarmene a Roma. Devo anche spingere un poco Matteo, che ingombrante com'è ha quasi occupato tutto lo spazio del piccolo ingresso. Una volta dentro, visto che lui e la ragazza non si degnano più di darmi attenzione, così presi da strane effusioni miste a un dialogo fitto fitto fatto quasi sottovoce, entro nella prima porta che vedo e mi trovo in un cucinino che a prima vista si potrebbe definire casual, ma che comunque ha tutte le caratteristiche dell'eccentricità di sinistra. Sui muri niente mattonelle ma una tinta rosa shocking, una macchina del gas vecchia come quella che aveva mia nonna, e un frigo altrettanto vetusto ridipinto completamente di rosso, poi un tavolino di ferro con una tovaglia di plastica fissata sopra e qualche sedia una diversa dall'altra, rubate forse a qualche bar. La sola cosa che invece rispetta la tradizione in una cucina come quella è il lavello sul quale troneggia un classico rubinetto che goccia. Sul frigo vedo una serie di post-it di colori diversi che da quello che riportano mi fa capire inequivocabilmente che la ragazza che sta sbaciucchiano Matteo non è la sola che abiti in questa casa. E comunque chiunque ci viva, frequenta sicuramente l'Università, perché ci sono date di lezioni, di esami, numeri di telefono di assistenti. Mi prendo un bicchiere di acqua cercando poi inutilmente di bloccare con forza il gocciolio del rubinetto.

«È uno sforzo vano», mi dice un ragazzo dalla faccia assonnata entrando in cucina. È incredibile, nel cuore della notte dopo che è stato svegliato dal nostro arrivo, entra in cucina ci trova un estraneo e quasi neanche ci fa caso! Poi mi dice che sta andando al bagno e sparisce dietro una porta seminascosta dal frigorifero. Non so se l'informazione che mi ha dato pensi che mi possa tornare utile, ma non ho neanche il tempo di ribattere o pensare di rispondere che appare sulla porta della cucina una ragazza con gli occhi gonfi dal sonno con addosso un giaccone di pelo utilizzato come vestaglia, sotto la quale escono due gambe nude, con ai piedi al posto delle pantofole due calzerotti di lana.

«Sexy!», sussurro io. Lei si gira e ho la sensazione che si renda conto della mia presenza solo in questo momento, ed emette una sorta di grugnito verso di me. Penso che lo debba prendere come una risposta, oppure un saluto, o forse un insulto. O tutte e tre le cose insieme. Si mette ad armeggiare con la caffettiera senza più dedicarmi attenzione, anche se da come la sta chiudendo stringendo forte mi viene da pensare che forse vorrebbe avere tra le mani non la macchinetta ma il mio collo o quello di Matteo, che proprio in quel momento entra anche lui in cucina seguito dalla sua amica, quella che prima ci ha aperto la porta di casa.

Lui magnifica la sua faccia di bronzo esclamando verso la ragazza che armeggia con la caffettiera. «Ottimo! Un caffè! È proprio quello che mi ci voleva»

Io gli dico sottovoce nascondendo un poco la mia bocca con la mano. «Guarda che mica ce l'ha offerto!»

La strozzatrice di macchinette ci lancia una sorta di sguardo assassino e poi chiede verso l'amica di Matteo. «Denise, ma chi sono?»

Finalmente una cosa intelligente, penso. Ma l'altra non replica, forse perché non sa nulla, almeno di me, o forse perché non vuole risponderle. Tra le due, evidentemente ci deve essere quella tensione che spesso nasce tra coinquiline. Cala anche un silenzio un poco imbarazzato mentre il caffè comincia ad uscire inondando tutto il cucinino del suo buon aroma. Il clima viene un poco stemperato dal ragazzo che esce dal bagno vestito di tutto punto che, dopo avere bevuto la sua tazzina di quel caffè che lei ha preparato, e averle dato un fugace bacio, se ne va salutando. «Ciao a tutti»

«Ma dove va?», chiede Matteo sorpreso.

«A lavorare», gli risponde Denise.

Appena uscito lui, sorpresa delle sorprese, la ragazza porge a tutti una tazzina del caffè. Poi si siede accovacciandosi e coprendosi le gambe con il suo giaccone di pelo. Solo a quel punto Denise le risponde alla sua domanda iniziale. «Vengono da Roma... lui è Matteo e stanotte dorme con me, mentre lui...», si interrompe per guardarmi per poi chiedermi. «Ma tu chi sei?»

«Il suo autista!», rispondo ironicamente.

«Lui è Sebastiano, appena uscito di galera», dice di me Matteo.

«Che hai fatto?», chiede la ragazza del caffè.

«Ho bevuto birra!», le dico mantenendo l'ironia precedente.

Matteo aggiunge. «È per non buttare le bottiglie le ha riempite di benzina!»

Lo guardo. «Non ci avevo pensato... se mi fosse venuto in mente prima avrei potuto usarla come spiegazione al processo!»

«Però eri anche armato», insiste lui.

«Con quello che costa la benzina, dovevo difendermi da un suo furto!»

«Ma i romani sono tutti così scemi?», chiede la ragazza.

«No, solo quelli scemi», risponde Matteo.

Denise, invece mi chiede seria. «Hai fatto molto dentro?»

«Non troppo… qualche anno…»

«E come è andata?», mi incalza lei.

Mi faccio serio anch'io. «Non mi va molto di parlarne». Poi rifletto ad alta voce. «Che strano. È da quando sono uscito che avrei voglia di raccontare tutto, forse per esorcizzarlo, ma nessuno me l'ha mai chiesto, a nessuno interessava… però, adesso, non mi va più… non voglio neanche parlarne… e poi non voglio intristire nessuno…»

Matteo è quasi paterno nel dirmi. «Ti ci vorrebbe una birra…»

«O uno spinello, ma tu non sei riuscito a farlo!», gli dico sfottendolo.

«Tanto dovevo smettere…»

«Di farli o fumarli?», gli chiedo ridacchiando.

«Io comunque devo andare a dormire che domani ho un esame, se permette», dice l'altra ragazza.

«E lui?», le chiede Denise alludendo a me, ma come se io non ci fossi.

«C'è un sacco a pelo… quello di Pino…», risponde lei.

«Se ti accontenti», mi chiede quasi retoricamente Denise vista l'ora.

Io annuisco, ma Matteo non si riesce a contenere. «Pino chi sarebbe? Il lavoratore notturno?», chiede ridacchiando, facendo così intuire chissà quale sottintesi torbidi.

«Consegna i giornali, che vai a pensare?», risponde l'altra un poco rabbiosa verso di lui. Poi si rivolge a Denise. «Ma chi ci hai portato? Un avanzo di galera e uno stronzo?»

Denise decide di non riaprire altri contrasti e taglia corto. «Io vado a dormire, buona notte». Poi si rivolge a Matteo perentoria. «Vieni con me… ho un letto a una piazza e mezza»

«Che basterà solo per lui!», dico io.

«Fatti i cazzi tuoi», mi sorride lui mentre se ne va, seguendo Denise.

E mi trovo nella cucina, da solo con la *simpatica* strozzatrice di macchinette senza sapere che dirle. Ma è lei che rompe il silenzio improvvisamente affabile. «Scusami, per *l'avanzo di galera* di prima...»

«Capirai... è anche vero», le rispondo.

«Sonno?», mi chiede.

«Un poco, e a dire la verità, anche un poco di freddo...»

«Già, è umida 'sta casa», ammette lei.

Mi porta con sé nella sua stanza dove accanto a un letto matrimoniale, a terra c'è un materasso con un sacco a pelo appoggiato sopra. In un angolo un grosso armadio sgangherato pieno di adesivi. Al muro tutti i poster del caso che sospetto servano più a coprire le crepe sul muro che per dichiarare qualche propria appartenenza. Anche se accanto ai canonici Che Guevara, Albert Einstein, Van Beethoven e Robert Redford ce ne è uno che non avevo mai visto dal vivo, ma solo su una foto un poco sfuocata che mi hanno spedito in galera. Riporta la grossa scritta "LIBERI!", sotto un elenco di nomi, alcuni dei quali neanche conosco, rappresentante tutti i compagni incarcerati. Mi avvicino a leggere incuriosito, divertito e anche un poco gratificato.

«Conosci qualcuno?», mi chiede lei.

Le rispondo un poco sornione, un poco gigioneggiando. «Molti... con alcuni ci siamo anche incontrati. Ma uno in particolare lo conosco bene», e indico con il dito il mio nome scritto in quell'elenco.

«Ma va! Quello sei tu?», mi dice sorpresa e forse ammirata.

«Già...»

Mi guarda con uno sguardo diverso da quello con il quale mi aveva guardato fino a quel momento, e scommetto che avrebbe potuto essere anche un inizio di qualcosa di interessante se non fosse per l'ora della notte, il suo esame del giorno dopo e il terzo incomodo rappresentato dalla schiena nuda, che si mostra quando lei alza le coperte del letto matrimoniale per infilarcisi sotto, dopo essersi tolta il giaccone di pelo, ma mantenendo i calzerotti nei piedi. «Lei è Pamela, la mummia della casa», mi specifica. «Quando dorme non la svegliano neanche le cannonate!»

Ma a smentirla è proprio Pamela che in quel momento si gira piuttosto alterata verso di lei. «Sì, ma le vostre risate sono anche peggio! Ma che ore sono?!». Poi immediatamente si corregge. «No, Claudia, non me lo dire neanche, non lo voglio sapere! Basta che facciate silenzio!», e si rigira tornando nella posizione in cui era in precedenza. Ma evidentemente realizza la mia presenza e di nuovo si rigira verso di lei alzando leggermente la testa dal letto. «Ma lui chi cazzo è? Non è Pino...»

«È un ex-galeotto romano e terrorista. Sta persino nell'elenco del manifesto che hai appeso al muro!», risponde Claudia.

Lei si scuote un poco, si alza e infila il suo corpo nudo dentro il giaccone di pelo appena smesso dall'altra, dirigendosi verso una porticina in fondo alla stanza, che porta a un micro-bagno fatto da un vaso WC, un lavabo e una minuscola doccia a parete. Prima di entrare però si gira verso di me e si presenta anche lei a modo suo, facendo il verso a quello che l'altra ha appena detto su di me. «Piacere... io sono un ex-laureanda in medicina napoletana e futura moglie di un miliardario», e poi aggiunge. «Attualmente in via di fallimento...»

«E anche nuda...», aggiungo io.

«Perché, tu dormi col cappotto?», mi risponde indispettita.

«Beh... no... con il sacco a pelo!»

Dopo poco esce dal bagno, apre un anta dell'armadio e prende un telo da bagno e me lo porge. «Datti una lavata prima di dormire che puzzi di sudore che non si può sopportare!»

Claudia mi guarda e un poco annuisce, anche se cerca di stemperare le parole di Pamela. «Lascia perdere quello che ha detto. È un poco scontrosa perché stamattina l'hanno bocciata per la terza volta allo stesso esame. E da poco si è pure lasciata con il ragazzo e ieri sera è andata a letto ubriaca... ma quando è normale...», si interrompe per un attimo e ride furbescamente per concludere. «Forse è ancora più rompicoglioni!». Poi aggiunge quasi supplicando. «Ma se ti fai una doccetta, forse è meglio... a terra trovi anche il bagnoschiuma»

In effetti, mi rendo conto di puzzare un poco, anche se non credo fino al punto detto da loro. Comunque, lavarsi è sempre piacevole. Mi ricordo addirittura quando in galera a Velletri, un carcere vecchio senza la doccia nel bagno, qualcuno della cella si faceva una sorta di doccia, in piedi sul WC rovesciandosi addosso un paio di secchi di acqua. Ci voleva poi mezz'ora ad asciugare il bagno con lo straccio ma meglio che puzzare, dicevano.

Quindi mi spoglio e mi metto sotto quella doccetta quasi da carcerati per darmi una lavata alla bene e meglio. Quando esco dal bagno, con quel telo addosso che non nasconde quasi nulla del mio corpo nudo, mi viene il sospetto che la puzza del mio sudore fosse solo una scusa, che le due avevano come concordato per farmi spogliare, perché sento Claudia esclamare. «Però!», che è tutto un programma. Mentre Pamela molto più direttamente mi chiede. «Ehi, terrorista! Non è che ti è venuta voglia di scopare?»

E il cervello mi comincia a girare a mille e in pochi istanti mi viene da pensare che no, queste cose non sono giuste, perché ho sempre teorizzato che il corpo, uomo o donna che sia, non si deve dare alla prima persona che si incontra proprio perché si deve avere rispetto innanzi tutto di sé stessi. Poi però mi è venuto chiaramente in mente un *"Chissenefrega!"* che tante altre volte ho pensato tradendo tutte le mie belle idee per approfittare delle occasioni, perché per me è sempre stato meglio essere un incoerente che fotte piuttosto che un dogmatico che va in bianco. E penso che in fondo sia anche l'occasione giusta per scaricare tutta la mia voglia di vivere spensieratamente, in allegria. Ma qualcosa mi dice anche che sia il momento giusto per dare il primo segno della mia discontinuità con il passato fatto di tante donne e tanto amore teorico, che praticamente quasi sempre sono state solo delle scopate. Così potrei finalmente dire di avere girato pagina. Ma immediatamente mi rispondo che non ho proprio nessuno a cui dirlo, a cui gliene potesse fregare qualcosa. Però lo potrei dire a me stesso e non è poco, io non sono un nessuno. Ma alla fine mi dico che sono solo pippe mentali e che ho tanta, ma tanta voglia di mettermi tra quelle due, in quel letto. Ma un'immagine alla fine mi risulta risolutiva anche se non ne capisco il senso o il perché. Inaspettatamente mi torna davanti agli occhi Sandra che mi dice che mi ama, e anche se non siamo nulla uno per l'altra, se non stiamo affatto insieme, anche se non le devo nulla, figuriamoci la fedeltà, mi blocco definitivamente declinando quell'accattivante invito.

E mi rimetto le mutande, la maglietta e mi infilo dentro il sacco a pelo, a terra sul materasso, mentre loro spengono la luce senza dimostrare neanche un poco di delusione verso il mio rifiuto. E al buio, sdraiato in quel modo, mentre cerco di prendere sonno, sono quasi contento di me, consapevole di avere fatto la cosa giusta. Prima di tutto perché la loro reazione al mio *"no, grazie"* mi ha fatto capire come la cosa non avrebbe significato nulla non solo per me, ma soprattutto per loro, che forse mi avrebbero solo banalmente usato come un gingillo, per dormire dopo forse meglio, e null'altro. Ma poi mi rendo conto che a parte questo, senza l'intervento dispersivo e allucinato di Matteo la mia serata si sarebbe senz'altro conclusa facendo l'amore con Sandra. E sarebbe stata la cosa più giusta, sarebbe stata esattamente la conclusione che lei aveva pensato, con la sua gonna e la sua voglia di essere carina per me. La nostra serata non è andata proprio come sarebbe dovuta andare, ma neanche con un mio ritorno alle vecchie abitudini di storie vuote e senza senso, senza domani, mentre qualcosa mi dice che un domani con lei ci potrebbe veramente essere.

12: DUE GIORNI DOPO

Oggi non voglio ricordi e infatti non mi si accavallano più nella testa, nonostante che stia vivendo una realtà poco entusiasmante. Volutamente prosaica. Senza più troppi fronzoli. Deciso, corro in avanti, forse per non guardare indietro, in tutti i sensi. Ma anche per non fermarmi a pensare se quello che sto facendo è giusto e se è veramente quello che voglio. Ho un appuntamento. Arrivo in ritardo, come solito, ma di soli pochi minuti. C'è una donna che aspetta. Che mi aspetta. Guarda il suo orologio, io guardo il mio e poi guardo lei senza scendere dall'auto. C'è ancora una vocina dentro di me che mi consiglia di rimettere in moto e di andarmene. Non sono affatto sicuro che sia la soluzione migliore, quella che mi serva e che io voglio. Anzi, non sono neanche sicuro che sia una soluzione. Dopotutto che me ne faccio di una casa in affitto e come farò mai a pagarla? Non ho soldi né lavoro. Dovrei trovarmelo, nell'attesa, speranza assurda, che forse mi riprendano nel mio vecchio ufficio, alla mia vecchia scrivania. Forse sarebbe meglio che invece di prendermi questa casa mi ficcassi dentro qualche "occupazione" con qualche comitato di lotta per la casa. Spesso li ho organizzati proprio io, ma ora è diverso, perché sono anche in libertà condizionata e quello sarebbe un reato che mi farebbe scontare anche gli ultimi due anni di pena che in realtà mi hanno soltanto sospeso. E mi manca forse la forza e il coraggio di cercarla con la lotta. E poi ho fretta. E anche poca voglia di avere qualcosa da spartire con i comitati. Meglio che scenda dall'auto e vada da quella donna. Mi avvicino, la saluto e mi presento, e lei mi sbuffa in faccia, un poco delusa, dopo avere guardato di nuovo l'orologio. «Ah, e lei… finalmente!»

Le rispondo in modo indisponente. «Andiamo… se no le parte il treno»

«Il treno?!»

«Sta guardando in continuazione l'orologio, non le parte un treno?»

«Ma no! Stavo aspettando lei e controllavo…»

«Cosa? Che l'orologio fosse sempre al suo posto?»

«Guardi che l'appuntamento era per le tre e sono le tre e un quarto!», mi risponde indispettita dalle mie provocazioni continue.

Le rispondo mentendo. «L'appuntamento preso era per le quindici e trenta, che nel suo linguaggio sono le tre e mezza, non le tre. Al telefono con l'agenzia sono stato molto chiaro!»

Non è vero, non è vero niente. Io lo so, lei lo sa, ma è contro il suo lavoro contraddire il cliente e quindi si scusa persino. Lei, per mestiere, deve abbozzare ma io ho addosso l'irrequietezza dei miei momenti peggiori, perché odio quello che potrebbe significare quello che sto facendo, e le sto scaricando addosso tutto il mio nervosismo. Lo so e non mi piace, ma è più forte di me. La donna mi parla per spiegare e giustificare l'equivoco sull'orario da me inventato di sana pianta, ma io neanche le rispondo e cammino velocemente davanti a lei, come se stessi cercando di fuggire e la costringo a seguirmi quasi correndo. E ogni mia frase diventa sempre più secca e nervosa come se lei fosse diventata la mia nemica da affrontare.

«Di qua?», le chiedo.

«Sì, dopo la…»

La interrompo e ribadisco indicando la mia destra. «Di qua?»

«No, di là…», risponde indicandomi invece la sinistra.

«Sia più chiara, allora!»

«Beh, non c'è mica bisogno di correre»

«Per lei forse, che non ha un cazzo da fare, io mi devo sbrigare, invece», le dico mentendo ancora perché in realtà oggi non devo fare nulla.

«Va bene, va bene… è di qua…», mi dice allungando notevolmente il passo.

«È questa?»

«Sì...»

Esteriormente la casa è fatiscente. E all'ingresso della palazzina gli si farebbe un complimento definendolo malandato. L'appartamento è al terzo piano, ovviamente senza ascensore. La donna apre la porta sui circa quaranta metri quadrati, e nonostante il fiatone cerca di presentarmi quello che rappresenta l'articolo della sua vendita.

«Questo?!», le dico sgarbatamente.

«Beh... sì...», risponde quasi intimidita dai miei modi.

L'appartamento è praticamente una stanza e una stanzetta, più uno sgabuzzino che altro, con una cucina striminzita dove con un tavolino e due sedie un poco sgangherate c'è una vecchia cucina a gas. Il bagno è invece ancora più piccolo e lo scaldabagno elettrico è con i fili staccati. Nella stanza una rete con sopra un materasso e dei cuscini appoggiati che penso dovrebbe fungere sia da letto per la notte che da divano per il giorno. Sul muro di fronte quello che rimane di un armadio a due ante in truciolato e poco più distante un mobiletto sopra il quale si vede chiaramente spuntare il filo dell'antenna di un televisore che ovviamente, invece, non c'è.

«Tutto qui?», le chiedo.

«Certo! Cosa si aspettava?», risponde lei ormai stufa dei miei modi oppure convinta di avere buttato il suo tempo con me.

«A Regina Coeli si può trovare di meglio. È umido, piccolo, sporco e sgangherato. Non aveva detto che era ammobiliato?»

«E non lo è?», mi chiede con un sorriso furbo che mi fa incazzare.

«No! Ma d'altronde non mi sarei dovuto aspettare niente di diverso... siete tutti della stessa razza»

Lei alza le spalle in segno di disinteresse per le mie parole. «Questo significa che non lo prende... poco male ci sono tante altre persone interessate»

«Sì, sì lo so quanti disperati ci sono in giro, e forse ne avrebbero più diritto di me. Ma a me serve. E subito… quanto ha detto che ne chiedete?»

«Quattrocentomila trattabili, ma con tre mesi anticipati…», chiede lei sottovoce, forse sorpresa o forse vergognandosi di chiedere così tanto per questo tugurio. Anche se questa seconda ipotesi devo dire che la ritengo assai improbabile, perché per fare questo mestiere occorre pelo sullo stomaco, e parecchio, per non vergognarsi di niente.

«Gliene do duecentocinquanta, con quattro mesi di anticipo, a partire da lunedì che è il primo del mese», le dico mettendo sul tavolino della cucina un milione di lire in contanti. «Adesso tiri fuori il contratto di affitto e mi dia le chiavi di casa, che ho fretta», le intimo con decisione, aspettandomi che magari finalmente sbotti e mi mandi al diavolo, che è la cosa che dopotutto, forse, con la mia maleducazione stavo cercando fin dall'inizio.

La donna tentenna per un poco, ma poi decide di ubbidire e di prendere il denaro, cominciando a compilare un foglio che penso debba essere proprio il mio contratto di affitto, con un commento che mi irrita ulteriormente. «Va bene… d'accordo… ma solo perché si vede che lei è un bravo giovane», che dice con quell'ipocrisia evidente insita nel suo mestiere. Ma quello che mi fa venire più i brividi è il suo sorriso che è come se fosse il sapone attorno alla corda dell'impiccato. Poi mi specifica che dovrò anche passare all'agenzia per concludere il tutto, prima di andarsene e lasciarmi in quel piccolo appartamento con un mazzo di chiavi in mano, tenute insieme da un moschettone lurido e un poco arrugginito. Lo agito un poco producendo il classico rumore metallico che mi ricorda tanto quello delle catene. Ma il passo l'ho fatto. Ho dato fondo a tutto il denaro sottratto a mia moglie, e ora non posso fare altro che cercarmi un lavoro. E mantenermi. Rientrare nel novero dei *normali*. È una trafila che conosco bene. L'ho già vissuto agli inizi con mia moglie. Il lavoro, l'affitto, le rate, le scadenze che portano via l'esistenza giorno dopo giorno, istante per istante. Perché l'avrò mai fatto? Con Elisa c'era un perché molto chiaro e anche molto urlante di nome Valentina. Una figlia che avevo voluto ad ogni costo e che dovevo mantenere. Ma oggi? Anche lei mi è stata portata via, con l'inganno contro la mia verità, con l'ingratitudine contro il mio sacrificio, con il tanto denaro di Elisa contro la mia povertà assoluta. Quindi? Perché mi sto sentendo più sereno e rilassato?

Esco da quella che è destinata a diventare la mia casa e torno all'auto. Guido con tranquillità e penso. All'avvenire, perché so che da adesso in poi pensare al passato sarà nient'altro che un lusso. Mi passano davanti agli occhi in un attimo Valeria, Paola, Daniela, Rita, alle quali do senza nessun rimpianto un saluto definitivo, l'addio a tutte le occasione di vita migliore sprecate che loro possono avere significato. Rivedo anche Elisa, mia moglie, e sorrido se penso a come si incazzerà nell'accorgersi che l'assegno mancante dal suo libretto è stato incassato e si troverà due milioni in meno sul conto, che comunque resterà ricchissimo. Ma conoscendola la sua rabbia non sarà tanto quella di avere perso del denaro, che forse mi avrebbe anche dato se glielo avessi chiesto, ma dal modo in cui me ne sono appropriato, perché non ci metterà molto a capire che solo durante la notte che abbiamo passato insieme ho avuto la possibilità di impadronirmi di quell'assegno a cui poi ho apposto la sua firma falsificandola. Ma d'altronde, non voleva essere *inculata*? E quindi penso di averla proprio accontentata perché migliore inculata di questa non le potevo fare!

Mi passano anche davanti agli occhi Denise, Claudia e Pamela che ho lasciato con Matteo e Pino solo un paio di giorni fa in quella casa così alternativamente universitario-snob di Perugia, e penso che soprattutto alle ultime due dovrei essere grato, perché mi hanno fatto capire, anche se involontariamente, quanto non valgano la pena le storie come quella che avrei potuto vivere insieme a loro, ma che non ho voluto vivere. E in fondo mi hanno confermato come le mie teorie siano sostanzialmente giuste, anche se spesso io stesso le ho disattese. E cioè che non si debba dare il proprio corpo se non per ragioni d'affetto, d'amore, e di cui con loro non c'era neanche la benché minima traccia, e che forse da tempo era ormai svanito anche nei miei rapporti con tutte le altre. Anche in Rita, perché l'amore non può essere un *"do ut des"* da portare al mercato. Non si può tenere per sé se non si è corrisposti, altrimenti non è amore. Ma Sandra non è così, lei me lo dà a piene mani senza chiedere nulla in cambio, e so che questo suo modo di fare per uno come me è anche il più pericoloso, perché già mi sento in *dovere* verso di lei anche se non le ho promesso nulla, se lei non mi abbia chiesto nulla.

Mi scorrono davanti agli occhi anche Federico, Francesca, Roberto, Vincenzo, Valentino, ma anche tutti i Pippo che ho conosciuto dietro le sbarre. Persone che ho chiamato compagni, amici, fratelli, e con le quali ho condiviso le abitudini, le delusioni, la vita, le stesse identiche cose che ci hanno poi diviso irreversibilmente. Dirgli addio e vederli come sparire ad uno ad uno, senza rimpiangerli, non mi dispiace affatto. Ma ogni ramo secco che spezzo, ogni volto che getto, ogni pagina del libro della mia vita che giro, mi appare come sorta di segnalibro sempre il volto di Sandra.

Ti incontro normalmente e non ti dico nulla. Sali sulla macchina e non mi chiedi nulla. Saluti, frasi fatte solo di monosillabi, perché ho paura di sporcare quello che stai vivendo con me con tante, altre mie parole. Non c'è nulla di più da chiederti e non devo cercare nulla di più da darti. Sto cercando di resuscitare definitivamente e lo devo fare solo con me stesso, scacciando i miei fantasmi. Se mi vuoi restare accanto, resta. Se riesci a prendere qualcosa, prendi. Non ho voglia di pensare ancora.

E tu mi resti accanto. Ma in fondo è giusto così, perché non ce nessuna teoria iperbolica dietro la tua mano sulla mia che tiene il cambio dell'auto, non c'è nulla da spiegare sul tuo sguardo innamorato, nulla da capire sul mio sorriso gratificato da tutta questa normalità che stiamo vivendo. In fondo si vive meglio senza riempire i giorni di parole, teorie, discussioni. Ti guardo come per domandarmi *"ma chi l'avrebbe mai detto?"* e rido da solo, mentre tu in silenzio, solo con il tuo sguardo spaventato, mi stai chiedendo che cos'abbia. Non ho nulla. Rido di me stesso, dei miei amori, di tutte le mie teorie, dei miei lunghi discorsi che, come neve al sole, vengono sciolti da un tuo sorriso così semplice. Proprio come sei semplice tu che ti sei messa vicino a me nella mia vita e io quasi non me ne sono accorto, ma oggi esisti in me senza bisogno di teorie o discorsi. E hai ragione tu perché l'amore è semplice, lineare e non ha necessità di curve, e tu direttamente, senza chiedermi nulla in cambio, mi hai dato la molla, la ragione e la forza per ricominciare a vivere. Da capo. Anche in quaranta metri quadrati.

E mi sento vivo quando ti chiedo senza preamboli. «Vuoi venire a venire con me?»

«Quando?»

«Oggi»

«Sì», dici senza riflettere neanche un momento.

Lo sapevo, sapevo che più semplice e dirompente di un sì detto senza esitazioni non ci possa essere nulla. E tu sei la dimostrazione che posso ancora sperare in questa vita che sento pulsare tutta intorno a me, scatenata dalla semplice bellezza di un sì. Sai che non uscirà mai dalla mia bocca che potrei amarti, perché non vorrò mai complicare la nostra futura vita in comune dicendotelo. No. È meglio così, più bello. Abbracciami. E non piangere stupidamente, anche se di felicità, ridi anche tu. Domani è e sarà veramente un altro giorno. E non sarà per niente facile perché si dovranno affrontare gli infiniti problemi legati al quotidiano. Come hanno fatto i nostri genitori e i nostri nonni che però hanno trovato il modo di farlo insieme. E quindi non sarà una brutta vita la nostra, ne sono certo. Perché staremo insieme.

Perché non sarà mai una poesia retorica
ma una stentata vita quotidiana, è giusto che sia.
E sarà forza reciproca e sarà pianto e lotta.
E perché sarà ancora una storia che ho già vissuto
ma completamente diversa,
perché sei tu a essere diversa.
Allora ben venga.
In fin dei conti potrebbe durare un giorno in più dell'amore,

o un giorno in meno della speranza,
e potrebbe essere veramente una storia.
Una storia da poterci raccontare da vecchi.
E se ti mancherà la forza
ritroverai la voglia nel mio ridere di tutto,
e se mi mancherà l'entusiasmo
troverò la forza nella tua dolcezza.
Entusiasmo, voglia, forza... che conta?
Sarà solo la nostra storia,
schifosa o bella o banale, ma nostra.
Vedrai ce la faremo.

13: FUTURO PROSSIMO VENTURO

Una sera mi troverò ancora con te. Sandra mi penserà al lavoro e la Polizia tranquillamente davanti alla TV. E tu potrai avere mille nomi e mille forme. Ma in qualsiasi modo mi verrai davanti ti riconoscerò perché ti ho amato per troppo tempo per poterti dimenticare. Ti guarderò, mi guarderai. Ti parlerò, mi ascolterai. Sorriderai, mi piacerai e ti sentirò importante. Nel mio sguardo avrò ancora grandi visioni di tante speranze e illusioni. E finalmente scoprirò che non riuscirò mai a essere *normale*. Perché come in una maledizione il *solito* è sempre sfuggito dalla mia vita. E ritroverò te, ancora te, ancora intensamente fuori dalle righe, meravigliosamente te.

E ritrovandomi mi dirai. «Io non capisco»

«Neanch'io», risponderò. «Neanch'io, ma so solo che se entro in una banca istintivamente calcolo le vie di fuga, se incrocio i carabinieri mi si tendono i nervi e sento che le mie mani non possono essere caricate a salve, se vedo te però mi si riapre la mente»

E i tuoi occhi, qualsiasi essi saranno, mi guarderanno senza capire ma ancora affascinati. «Ma cosa significa?»

«Trasgressione»

«E cos'è?»

«Una malattia che mi perseguita la vita e che ormai so che è la mia stessa vita, e che anche il tuo vero nome»

«Cosa posso fare per guarirti?», mi chiederai.

«Niente», ti risponderò. «E chi vuole mai guarire?»

FINE

INDICE